Temperino rosso
edizioni

Attilio Fortini

Il Fortinelli

Dizionario neologistico dell'Italiano nuovo

Titolo: Il Fortinelli
Autore: Attilio Fortini
Editore: Temperino rosso edizioni
Prima edizione 2014
© 2014 Temperino Rosso Edizioni Fortini

ISBN 978-88-98894-11-6

All' Italiano nuovo

a

b

c

d

e

f

g

i

l

m

n

o

p

r

s

t

u

v

a

Affararsi *(v.in.) def.* : farsi gli affari propri o anche farsi i propri affari

In entrambe le definizioni il significato principale rimane in ogni caso che gli affari che vengono presi in considerazione sono quelli di colui o colei che "se li fa", gli affari, di chi sostanzialmente compie l'azione d'affararsi.

Il termine viene solitamente impiegato per definire una dubbia qualità morale espressa per lo più nel seguente modo: "mi faccio gli affari miei", o in altro caso come monito a non occuparsi d'affari che, a giudizio del presunto detentore degli affari, non dovrebbero riguardare colui o colei che invece si sta interessando a quei medesimi affari che non sembrerebbero per nulla essere suoi; tutto ciò attraverso l'espressione idiomatica seguente: "fatti gli affari tuoi!"

In ogni caso bisogna rimarcare che l'impiego del termine denota una povertà di prospettiva escatologica, in quanto non vi è in ciò la considerazione che le odierne modalità cooesistenziali fanno sì che anche le più banali azioni possono avere delle ripercussioni generali difficilmente quantificabili, sia per una lettura pertinente degli effetti immediati che complessivamente per le conseguenze sulla posteriorità. Pertanto le espressioni succitate sono ormai da ritenersi arcaiche, o quantomeno semanticamente inappropriate.

Anchedeico *(agg. pl.:ci) def.* : disturbo visivo che influenza considerevolmente lo stato psicofisico di un soggetto

La dinamica del disturbo si sviluppa generalmente sulla seguente direttiva assiale: visione, pensiero, giudizio. Va notato innanzitutto che nel disturbo si riscontra generalmente uno sguardo caratterizzato da una recalcitrante indisponibilità delle palpebre oculari di sollevarsi compiutamente fino all'estremità superiore dei bulbi; condizione fisiologica che si manifesta nella tipica espressione detta: "Pesce lesso".

Questo stato della visione non va però confuso né con dei segnali di spossatezza fisica che preannunciano la necessità del riposo, sia pomeridiano per le culture che adottano questa fascia giornaliera per approvvigionarsi del sonno indispensabile, che notturno, così come neppure con atteggiamenti d'estrema concentrazione, ove appunto si è portati a socchiudere gli occhi per meglio definire ciò che è oggetto della propria attenzione. Lo sguardo che connota il disturbo citato, per gli effetti nefasti che produce, può correttamente considerarsi come la causa principale del disturbo stesso. Le sue origini sono generalmente riconducibili all'indisponibilità di voler guardare le cose per quello che sono, preferendo piuttosto, a quello che si dimostra nei fatti, le proprie congetture personali.

Attraverso questo disturbo, che va in ogni caso curato sin dai suoi primi sintomi, la realtà risulta essere sempre inadeguata al volere del singolo, e gli altri, di conseguenza, sempre mancanti di una qualche capacità. Inversamente il sé dell'individuo affetto si rinforza vertiginosamente e in modo esponenziale, giungendo nelle fasi acute e conclamate ad una vera e propria incontinenza dispotica.

È proprio a questo punto che il sentimento d'essere costantemente vittima di un complotto fa sì che le palpebre si alzino irrimediabilmente, e lo sguardo allucinato s'instauri al posto della primordiale e sintomatica visione anchedeica.

Aperolia *(s.f.) def.*: eccitazione d'aperitivo

Il diffondersi del rito dell'aperitivo è cosa nota. Generalmente officiato con l'ausilio di un grosso calice vitreo per mettere ben in mostra il suo passionale contenuto dalle tinte generalmente accese, si celebra principalmente in gruppo presso un banco un tavolino oppure direttamente sulla strada antistante all'affollatissimo e conosciutissimo bar cittadino. Ambientazione sonora privilegiata è il caos polifonico, fatto da un intrecciarsi di dire più o meno appannati, che rendono semplicemente incomprensibile l'identificazione di un qualsiasi breve cenno di contenuto. Dalla coppa rotondeggiante, esibita con *noncurance,* può poi allungarsi una bella fetta d'arancio, mentre sui tavoli d'appoggio si possono solitamente scorgere tutta una serie di stuzzichini: pizze e pizzette, salati e salatini, sottaceti e sottolio: nemmeno si può porre limiti alla fantasia!

È in questo modo che alcuni *barman* si sono fatti ristoratori, in fondo si tratta sempre di riempire lo stomaco, anche se solo preventivamente. Il pasto vero, quello, forse seguirà, anche se la tendenza attuale mostra che esso sia proprio l'aperitivo. Inoltre come esistono schermi giganti alcuni creativi hanno coniato d'organizzare anche degli aperitivi dallo stesso tenore, riempiendo così alcune piazze di forsennati più o meno da sempre già propensi ai ritrovi massivi, e causando così i classici problemi da megaconcerto.

In ogni caso l'aperitivo è oggi un simbolo dei nostri tempi. Tempi nei quali si predilige all'impegno il disimpegno, al dire l'ammiccare, all'appagarsi lo stuzzicarsi. L'aperitivo è sinonimo di un desiderio che può divenire promessa, ma poi serve un vero pasto, altrimenti anche questo stato d'eccitazione prima e poi finirà per divenire una pillola amara, quella per cercare di digerire i tanti desideri non realizzati.

b

Bestiamana *(s.f.) def.* : nuova entità biologica

La bestiamana è un essere vivente d'ardua definizione, proprio perché non è ancora ben chiaro se si origini dal passaggio dell'uomo alla bestia o viceversa: che sia questa ad umanizzarsi. Alcuni indizi propenderebbero però per una priorità del primo processo. Essi riguarderebbero ad esempio una distinta e perbene signora di mezza età che nelle vicinanze di Via Monte Napoleone a Milano, e in evidente stato di frustrazione per l'impossibilità d'avere figli, fu vista allattare furtivamente e tra l'incredulità contenuta dei passanti il suo cucciolo di pechinese. Da notare che i testimoni hanno riportato inoltre che una ragazza, incrociandola, si spinse persino a chiederle di quanti mesi fosse: il cagnolino s'intende.

Il secondo processo, quello del passaggio dalla bestia all'uomo ha invece il suo esempio chiarificatore nel racconto del Signor M.O., il quale non molto tempo fa ha dichiarato di aver visto alla Gare Montparnasse di Parigi un piccione con un piumaggio particolare, e che per questo gli permetteva di distinguerlo da altri che hanno l'abitudine di girare per i tavolini dei bar a cercare le briciole, fuggire con un intero *croissant* in bocca. La cosa incredibile è che a sua detta il cameriere del caffè dove il fatto avvenne, giurò e spergiurò che il piccione glielo aveva pagato, il *croissant*, e che nemmeno aveva atteso il resto.

Bisimlpla: *(s.f.) def.* : semplificazione bipolare

Tutti coloro che hanno avuto a che fare con i principali calcoli matematici sanno bene cosa sia una semplificazione, e pure apprezzarne i benefici. Che una frazione del tipo 500.000.000 fratto 1.000.000.000 sia esprimibile in 1 fratto 2, senza che la sostanza del rapporto muti, è un inequivocabile risparmio d'inchiostro, tempo, e via dicendo, questo è risaputo. Inoltre quando si possiede la metà di qualcosa, è implicito che da qualche altra parte vi sarà anche l'altra, di metà. Dividere la realtà delle cose in due, ha dunque la sua utilità. Se ad un incrocio per esempio si deve decidere che strada scegliere, è molto più facile farlo tra 2 strade che non tra 1.000.000.000, questo è indubbio. Semplificare, semplifica la vita, inoltre, se si può anche farlo per due, meglio ancora; proprio perché tra le due parti ce ne sarà sempre solo una migliore dell'altra, non infinite. Dividendo per due si divide dunque anche tutto ciò che si conosce tra un certo bene e un certo male. A colpo d'occhio si può dunque stabilire chi è il proprio nemico, senza arrovellarsi troppo il cervello. Nessun dubbio, nessuna incertezza, nessuna titubanza, come quando in un campo da calcio lo sfidante ha una casacca nera ben distinta da quella bianca dei compagni. Nel rapporto 1 fratto 2 tutto è molto più chiaro: anche chi deve perdere. Il solo inconveniente è sapere però dove siano finiti tutti quei 500.000.000 fratto 1.000.000.000 che esistevano prima della semplificazione stessa. Ma si sa, per stare tranquilli non si deve lesinare sull'ignoranza.

Botoxanimare *(v. int. e tr.) def.* : arrestare il transito dell'anima

Già gli antichi indiani d'America, che pare possedessero il dono della saggezza di chi conosce le cose più misteriose ed incomprensibili della natura, sapevano che l'anima di una persona poteva essere rubata semplicemente fissando la sua immagine su una banale fotografia. Era per questo che non amavano farsi riprendere, con nessun tipo d'apparecchio fotografico. In effetti l'anima, lo sottintende già la parola stessa, è ciò che anima, ed il suo animare dov'è che si vede? Nell'immagine di una persona, non certo nei suoi organi interni, che sono, come sanno tutti coloro che hanno avuto il piacere di vivere umanamente almeno una semplice volta, celati dalla pelle. È quindi su ciò che si vede, sulla pelle appunto, che oggi si sta combattendo l'ultima battaglia per non perdere l'anima.

Difatti, diversamente dagli antichi egizi che avevano elaborato una tecnica estremamente ricercata e a noi ancora ignota per fare in modo che la pelle esteriore di un corpo non si degradasse irrimediabilmente dopo la morte, oggi la battaglia per non perdere l'anima non si combatte più dopo la morte, con balsami e ricercate essenze, bensì ancora in vita; questo perché si è divenuti coscienti che l'anima non esiste fisicamente, i chirurghi ce l'hanno ormai confermato, mai nessuno si è imbattuto in qualcosa che almeno ci assomigliasse; difatti essa, l'anima, essendo ciò che anima, probabilmente scorre elettricamente, e per conseguenza si comporta come una sorta di sole, il quale emana calore nel corso di tutta la sua vita.

Queste emanazioni dell'anima si possono dunque individuare, come fossero i raggi solari, nella capacità di comunicare degli individui. L'uomo in effetti è l'animale comunicatore per eccellenza, egli comunica sempre e in continuazione, ma ciò che gli appartiene più propriamente, non sono tanto le sue parole, che si possono trovare tali e quali su qualsiasi dizionario, ma piuttosto le sue espressioni, le quali sono esclusivamente sue, come l'anima appunto.

La battaglia per non comunicare attraverso le proprie espressioni è dunque divenuta la battaglia dell'uomo per non perdere l'anima, nello strenuo tentativo di mantenerla dentro di sé. Le tecniche di chirurgia estetica, ma anche l'uso di sostanze come il botulino, che è fatto proprio per cancellare le rughe e con esse i segni dell'espressività individuale, è dunque l'ultima frontiera di questo tentativo. Difatti se si acquisisce l'inespressività, ciò che viene meno è la possibilità di mostrare che il tempo ci stia consumando. Tuttavia in questo modo a sparire è qualcos'altro: non l'anima forse, ma l'irradiarsi della vita senza dubbio.

Ognuno faccia i suoi conti.

Buongiorna *(s.m.) def.* : fare del buon giornalismo

Se il buongiorno come si dice si vede dal mattino, diversamente il buongiorna non si può che vedere dal giornale. Di carta o meno, in tutti i casi è lui ad essere in grado di aprirci gli occhi sul mondo. Un mondo che a volte ci può sembrare caotico, incomprensibile, in cui i vecchi mali come guerra fame e povertà sembrano irrisolvibili, nel quale i governi stentano continuamente a convincere, così come le opposizioni. Ciononostante, in mezzo a tutta questa confusione e incertezza, quando ci si accorge che qualcosa come le informazioni possono modificare le vie d'affluenza del denaro (magnati e finanzieri ne conoscono bene il valore, soprattutto di quelle riservate), allora è sempre possibile trovare anche un corso di laurea lì bello e pronto.

Difatti non sono passati tantissimi anni dalla nascita della Scienza dell'informazione, con il suo attuale e ambito iter tri o quinquennale d'apprendimento universitario. I docenti del resto, riconvertiti da discipline meno redditizie come lettere o filosofia, con le loro consumate doti umanistiche non devono nemmeno aver faticato molto a far risalire la detta Scienza a Sumeri o Babilonesi.

Ma chi è poi il mentore dell'informazione, o meglio, e a scanso d'equivoci, il servitore dell'informazione, dato che questa sembrerebbe essere un servizio, a volte anche pubblico? E chi non lo sa: dopo politici e calciatori e subito prima di cantanti e fotomodelle vi sono loro sulla piramide dei noti: i giornalisti, o anche i media, quando si vuol essere un po' più scientifici. E come deve comportarsi un servitore dell'informazione? L'obiettività innanzitutto! I numeri, ci vogliono i numeri: l'unica maniera per offrire un'informazione spassionata! Quanti morti, quanti manifestanti, quante bombe, quante scosse, quanti oratori sul palco, quale grado, quanti minuti (se vi sono anche i secondi tanto meglio), quanti autobus, quante strade bloccate e poi la storia: nel 1992 nel 1884 nel 303... e poi ancora tutto e meglio se condito da mappe e grafici variopinti, il più delle volte incomprensibili certo, in ogni caso accattivanti.

Ma l'informazione non è solo una requisitoria di sterili numeri, l'uomo è anche emozioni, è umano, non si dice così? Bisogna dunque mostrare anche le sue gioie e i suoi dolori, anzi, meglio quest'ultimi perché le gioie non fanno granché notizia. E allora il buon giornalista a secondo del potere che riveste si tramuta in regista o in semplice commediante, e l'informazione in tutti i casi finisce per rifornirsi a piene mani nel guardaroba delle Muse: filmare questo piuttosto che quello, scegliere quella foto piuttosto che quell'altra, scandire bene le parole, a volte le sillabe persino, e soprattutto saper usare con maestria le pause, il vuoto: cosa c'é di più straziante?

E la verità invece: che ruolo ha nel buongiorna? Beh, la verità... come se fosse facile conoscerla! E poi francamente: la verità non è che serva molto all'informazione, e non dimentichiamocelo mai: anche i giornalisti hanno una famiglia!

C

Cavillazione *(s.f.) def.* : dottrina appartenente alla branca del diritto che ritiene tutti gli aspetti non contemplati dalla legge necessari alla sua corretta applicazione

Ciò che fondamentalmente motiva i seguaci di questa dottrina è l'avversione per tutti quegli avvocati che si spendono generosamente nel tentativo d'ottenere una giustizia equa per i loro assistiti. Quegli adepti difatti disdicono calorosamente la corruzione del supremo valore della legge tramite atti di difesa a loro detta "relativistici". Di conseguenza l'azione dei suddetti seguaci ambisce principalmente a fare in modo che l'esito finale del giudizio non sia semplicemente di colpevolezza, così come neppure all'opposto: d'assoluzione.

Ciò che invece si prefigge un bravo cavillofago è un esito neutro, come ad esempio che "il fatto non sussista", oppure l'ottenimento delle condizioni per una prescrizione del reato, ma anche perseguire esiti benevoli frutto di possibili errori procedurali o giudiziari. Suo obiettivo non è come a prima vista potrebbe sembrare: "far di tutto per farla franca", a dispetto delle legge stessa, ma piuttosto di permettere alla legge di rimanere in uno stato di purezza, proprio perché quello a cui ci si rivolge è il suo essere inapplicabile, e di conseguenza inapplicata. Ed è proprio nella non applicazione della legge che il vero cavillofago scorge i tratti più puri della giustizia. Per lui è proprio in ciò che si offre alla legge la possibilità di rimanere costantemente nella più alta e nobile sfera dell'intento. In questo stato la legge non rischia perciò d'immischiarsi nella meschina riprovazione di uno stato di fatto sempre e purtroppo relativo, pertanto opinabile. Qui difatti la legge potrebbe trovare solo un'applicazione tangibile, rimanendo sempre e sostanzialmente particolaristica, non potendo quindi che tradire l'assunto formale della legge stessa, il cui principio ispiratore non è, si noti, la giustizia, bensì l'ingiustizia; è difatti questa la vera causa della legge, ed è proprio per mantenere sempre in vita anche il diritto che l'ingiustizia deve essere mantenuta, costi quel che costi!

Coscienziare *(v.int.)* *def.*: delegare a delle obbligazioni pubbliche il peso delle responsabilità personali

Gli esempi in cui la coscienza individuale sia stata accantonata nella storia sono innumerevoli e spesso controversi. Per comprendere la questione si potrebbe citare ad esempio il biblico sacrificio d'Isacco, nel quale Abramo per adempiere al volere dell'Altissimo è disposto a sacrificare il suo unico figlio. È questo certamente uno degli episodi più celebri, non a caso considerato dalle religioni monoteistiche come il campione dell'atto di fede. Altri esempi invece, che godono decisamente di meno stima, possono ravvisarsi quando la propria coscienza non è affidata a Dio ma ad altri uomini, che si sa sono solitamente anche meno indulgenti dell'Onnipotente. Si pensi a Pilato e al suo lavarsene le mani quando la folla gli chiede la morte di Gesù, oppure i vari esecutori di stragi e genocidi di stato, che adducono generalmente per rafforzare la loro innocenza l'obbligo d'esecuzione d'ordini gerarchici; si ricordi le deposizioni nei processi Nazisti o dei Khmer rossi.

Ma non solo la storia offre degli esempi bensì anche la nostra attualità; e seppur questi siano sia meno evidenti sia più edulcorati dalle tinte della spettacolarizzazione, in un certo senso rispondo alla medesima logica, ossia quella di non impegnare tramite un'obbligazione pubblica le responsabilità che si possiedono nei confronti delle proprie scelte. In questo ambito divengono perciò strumenti opportuni soprattutto i media. Chi acquista una pagina di giornale per chiedere la mano alla propria fidanzata, quale logica seguirebbe se non quella d'avere dei testimoni pubblici che lo obblighino moralmente ad adempiere l'impegno che ai quattro venti urla di voler prendere. Anche le trasmissioni televisive dove si va a raccontare i fatti propri a milioni di persone non si discostano da questo soggetto. E che dire dei processi nei quali la giustizia non è garantita da una qualsiasi legge ma dall'audience che un cast è in grado di produrre sul piccolo schermo?

Ci troviamo in tutti questi casi a costatare che è il pubblico a divenire il vero garante di un'affermazione, un proposito, una scelta. Non è più il singolo individuo con la sua coscienza che s'impegna a risponderne. Egli in questo caso è ormai obbligato, non nei confronti di un suo simile, ma piuttosto verso un'entità astratta, che può prendere diversi nomi, in alcuni casi e nei più reputati come abbiamo visto Dio, in altri decisamente più ambigui come la ragione di stato, la gerarchia militare, il pubblico dei media. È tramite questo modo di coscienziare difatti che il singolo può sostanzialmente lavarsene le mani, e il peso della sua responsabilità divenire quello semplicemente di un'obbligazione da eseguire, mettendolo così al riparo dalla colpa di aver fatto lui, la scelta giusta. Un modo che forse potrà dimostrarsi funzionale, ma che comporta dei notevoli rischi, perché a regolare l'azione della persona è qui un processo automatico, e non il suo senso di giustizia.

Crissologia *(s.f.) df*: disciplina che si occupa d'identificare i segni tangibili della crisi

Dalla crisi non ci si scappa, questa come una peste sembra possa toccare tutto e tutti. Essa è un male, non ci sono dubbi, ma la vera questione è sapere: chi n'è affetto?

Difatti come in tutte le epidemie che si rispettino, anche per la crisi c'è chi se la becca più forte e chi meno, e poi bisogna ricordare che anche in tempi di vacche magre non manca mai il solito fortunato, che per lui gli articoli di lusso non sono un *optional* cui rinunciare nemmeno quando il colera imperversa dappertutto; ma si sa: questi è solo una mosca bianca! Tuttavia è proprio per questa estrema varietà di situazioni che la crisi non può essere trattata con sottigliezza, in fondo la crissologia serve a questo: a comprendere dove viva e con chi, la crisi.

Ognuno del resto pratica questa disciplina quotidianamente, seppur non nella rigorosa forma scientifica della differenza in percentuale tra i vari titoli di stato delle nazioni, il celeberrimo *spread*. In quella forma solo i giornali possono farlo, loro che hanno sempre a cuore di diffondere il verbo del debito pubblico tra la gente. Chissà quando si dimenticheranno una buona volta di farlo? Se non altro smetterebbero almeno un po' d'offrire il pretesto ai dirigenti d'impresa di mettere i propri operai in cassa d'integrazione un mese, per poi obbligarli agli straordinari il mese dopo, e poi ancora un mese in cassa integrazione, e via così fino alla fine dei tempi... di crisi.

Ma l'uomo della strada, anche se preferisce starsene al calduccio tra le mura domestiche, dubita sovente persino della scientificità dei giornali, ed è per questo che egli tende a praticare la crissologia empiricamente, addirittura con mezzi propri, osservando ad esempio quanto i carrelli dei supermercati siano pieni, oppure rimarcando se il vicino in pizzeria si possa permettere una mare e monti o se invece si accontenti di una semplice prosciutto e funghi.

Del resto della parola crisi non esiste il contrario, la crisi semplicemente c'è o non c'è. Ed è anche per questo che molti non aspettano i suoi periodi per essere consapevoli che per loro è sempre crisi, ossia che per loro è la norma. Per tutti questi malati cronici, ma anche per i molti "raffreddati" stagionali, rimane comunque un'unica richiesta: a quando il vaccino!?

Cronovita *(s.f.) def.*: regolazione civile della vita, e non solo

Nei nostri anni di civilizzazione forzata è proprio difficile sfuggire alle grinfie di Crono. Sì, sempre lui, il padre mangiatore di figli. Difatti pare che isolati in qualche foresta impenetrabile siano rimasti appena alcuni sporadici gruppi umani a non conoscere ancora l'importanza dell'ufficio anagrafico, dell'orologio da polso, del cellulare, con calendario e agenda incorporati. Per il resto nulla. Ma si sa, quelli nemmeno sono nati. Certo, difatti nel mondo di Crono bisogna nascere per farsi divorare! Tutto inizia da lì, ma solo dopo un adeguato concepimento, e a scanso di un imprevedibile aborto terapeutico.

Pare certo che dopo debbano trascorrere nove mesi, chi più chi meno, ma alla fine si diviene certi del tutto: si nasce! Se in quel momento si emette pure un vagito, allora si è vivi e vegeti. Bene, finalmente pronti ad aprire il fascicolo; pronti ad immatricolarci ufficialmente. Difatti qualcuno dovrà pur passare a registrarvi all'anagrafe, altrimenti tutto il resto della vostra vita sarà un vero incubo; nemmeno potrete dire d'esistere, in prospettiva che siete vissuti: la storia chi la farà al vostro posto? E poi il conto vero e proprio inizia solo da lì, è lì che si entra nella vera vita, la cronovita. Difatti come in tutte le misure che si rispettino, anche in quel tipo di lunghezza serve uno zero per far tornare i conti. Bisogna sapere quando si potrà accedere all'asilo nido, alla scuola materna, non ci si può andare quando ci pare. Così come nemmeno dopo alle elementari, alle medie, al liceo, all'università. Sì, sappiamo che se non c'è l'obbligo possiamo fermarci prima, in ogni caso sarebbe meglio studiare finché si è a carico dei genitori, altrimenti poi come la mettiamo con tutte le tasse? Inoltre, scuola a parte, se non ci si è immatricolati all'inizio, chi ci fornisce i documenti necessari per dire se abbiamo o meno diritto a vivere sul territorio nazionale, con tutti i nostri diritti e doveri, cari al Signor Mazzini? Serve sapere quanti anni si ha per poter votare, essere eletti, fare la patente della moto, della macchina, nautica, la licenza di caccia, di pesca, acquistare le sigarette, gli alcolici... tutto se non se ne può fare proprio a meno. Cosa vi credete, che basti dire: "sì me la sento, no, non me la sento, per avere un codice fiscale?" No! Non è proprio così che funziona! E poi si continua di questo passo. Se per esempio si vuol andare a lavorare, ammesso che lo si trovi, bisogna avere una certa età, sia per legge che per usanza. Se ad esempio si vuol fare la commessa o il commesso in un negozio bisogna sapere che passati i trent'anni si è già fuori corso, o posto. E poi si arriva alla pensione, se ci si arriva. Quanti anni, mesi, ore, minuti, secondi hai lavorato? Bisogna fare i conti. Se non rientri in quelli di conti si passa sempre ai tuoi anni, sempre se all'inizio t'eri immatricolato, altrimenti ricordati che non esisti: cosa vuoi allora?

E poi finalmente giunge l'ora, il momento della tua partenza, o ritorno, ipotizzando che finisci nel luogo da cui sei venuto. Un bel funerale con fiori possibilmente freschi, almeno per la cerimonia ci vogliono, e lì credi che finalmente la tua cronovita sia finita. No! Affatto! Devi startene lì ancora un bel po' nella tua cassa, trent'anni, qualcosa in più o qualcosa in meno, dipende dai regolamenti comunali, ad aspettare che i tuoi parenti ti portino i fiori almeno il giorno dei morti, qualcuno comunque non ha nemmeno questa fortuna, se la si può chiamare così. E poi se non appartenevi ad una famiglia agiata, di quelle che si acquistano la cappella a perpetuità, ritenendo che l'eternità si possa acquistare, ti mettono in una cassettina più piccola, chiamata ossario, dove ci rimani per tutto il tempo in cui qualcuno si ricorderà ancora di te, e alla fine, concludendo, avrai libero accesso ad una discarica controllata, o chissà, se le tue ossa sono ancora integre, finire in qualche museo archeologico, che è anch'esso una sorta di discarica ma con un altro regolamento.

Qualcuno in quest'ultima fase critica però si ribella e implora: "Per favore, dopo la mia morte bruciatemi e spargete le ceneri al vento." Come se fosse facile. Certo, se gli va bene lo bruciano, ma le ceneri dove le gettano? Non tutti hanno un Gange vicino a casa. E poi per sicurezza è meglio se il tutto lo si chiude in una piccola urna, che volendo si può anche portare a spasso con discrezione durante i traslochi, e poi non si corre nemmeno il rischio che qualche cane o carabiniere vi trovi da qualche parte in un pezzettino di tibia. Lì sì che sarebbe davvero imbarazzante!

d

Deusauro *(s.m.) def.* : odierna divinità tutelare

Oggigiorno il deusauro si propone come l'unica e vera divinità veramente capace di proteggere gli uomini nel corso della loro esistenza, aiutandoli a procurarsi tutte quelle piccole e grandi cose che gli sono sia necessarie che superflue. Questa divinità, pur dimostrandosi dal punto di vista scientifico un'astratta creazione umana, uguale a tutte quelle nate prima di lei, a diversità non offre solo vaghe ed incomprensibili visioni escatologiche, bensì si propone come la vera protettrice di tutto ciò che conta (e che di conseguenza si può contare), ossia del cosiddetto materiale nel suo stato di rapporto effettivo col fedele.

Il deusauro non si pone quindi, per questo suo carattere d'attenzione al tangibile, nemmeno bizantinismi sulle origini dell'uomo, superando così la secolare diatriba tra creazionisti ed evoluzionisti. In effetti non è molto importante sapere se la vita sia stata creata da Dio o piuttosto abbia avuto origine in un brodo primordiale, bensì che tutto quanto la permette sia acquisibile, o se si vuole acquistabile. E nemmeno obiezioni come quella che dice che non tutto si può comprare turba il deusauro, come ad esempio sostenere che i sentimenti di una persona non lo sono. La religione del deusauro risponde con acutezza che quelli, i sentimenti, non possono essere acquistati semplicemente perché non possono essere venduti.

In effetti questa religione è estremamente assennata, difatti non chiede ciò che non può avere, ma solo e semplicemente tutto ciò che lo è; ed è proprio anche grazie a quest'universalità che essa si pone come una religione di prim'ordine.

Tuttavia bisogna constatare che nonostante quest'evidente e moderna impronta pragmatica, il culto del deusauro possiede ancora alcune influenze superstizionali, appartenenti per lo più alle vecchie religioni. L'aspetto profetico ed oracolare ad esempio, che qui più che dai sacerdoti viene assolto da economisti che almeno una volta abbiano azzeccato un pronostico sull'evoluzione futura dei corsi economici nazionali o mondiali, come pure il possedere dei luoghi simbolici dove officiare il culto, il quale, seppur minacciato dall'eresia iconoclasta del divampare informatico, continua ad essere egregiamente assolto sia nelle sontuose cattedrali delle banche centrali d'ogni grande città, come nei disseminati e capillari sacelli d'agenzie e filiali distribuite omogeneamente sul territorio, ben rimpinzate di rassicuranti contabili in giacca e cravatta.

Per i fedeli poi non vi è un'astratta anima da salvare (non si sa bene da cosa), ma bensì, nell'arco della propria vita, un effettivo capitale d'accumulare. Le loro azioni non sono dunque né giuste né sbagliate, ma possono solo più o meno portare benefici. È in effetti questo l'unico comandamento che conta per i fedeli del deusauro, dato che la rettitudine delle loro azioni è riscontrabile in modo esatto sull'estratto conto del singolo o dall'insieme dei singoli conti bancari posseduti. Inoltre la possibilità di trasferire l'accumulazione dei benefici nell'insieme o in parti ai propri eredi, dona alla religione del deusauro un carattere trascendentale, che toglie ogni dubbio sulla sua effettiva portata spirituale e in ultima istanza divina.

Discopub *(sm) def.*: discorso pubblico

L'arte di parlare in pubblico è molto antica, almeno quanto la democrazia. Essa coincide con il potere, di dire. Le istituzioni che incorporano per eccellenza questo potere, non a caso nelle democrazie sono rappresentate da un'Assemblea, un Parlamento... È difatti nella capacità di risolvere i problemi dialogando, che si misura la civiltà di una nazione, la maturità di un popolo.

Il discorso pubblico ha perciò una funzione determinante nel contribuire ai processi democratici, tuttavia, per alcune sue caratteristiche, può prestarsi anche con estrema facilità a non offrire questo contributo, bensì a divenire solo un esercizio d'eloquenza ed espressione di un potere personale, quello ad esempio dell'oratore e del suo essere "bravo a parole". Questo avviene principalmente quando diviene più importante come si dicono le cose piuttosto che quello che si dice. In questi casi il discorso pubblico diviene simile ad una rappresentazione teatrale. Qui esso può perciò venir più o meno applaudito, proprio come avviene in tutti gli spettacoli, ma solo perché non è più in grado di offrire una visione reale delle cose, ma solo una sua verosimiglianza.

Quando un discorso pubblico diviene perciò un discorso fatto esclusivamente per il consenso del pubblico, quest'ultimo non è altro che una tribuna in grado di poter più o meno applaudire, ma alcun processo democratico è qui davvero in atto, alcun dialogo sta davvero avvenendo, nulla si sta realmente costruendo.

In questo caso il discorso pubblico, in preda all'artificio che trae la sua ragion d'essere nell'approvazione, diviene una lettera morta, non considerando affatto che la verità è sovente nuda, e spesso cruda, e preferendo così accantonarla che affrontarla.

Quando un discopub suona perciò solo come un bel discorso, oggigiorno serve sempre più comprendere se esso dica anche qualcosa di vero, altrimenti le parole avranno sempre minor importanza, e la democrazia con loro.

e

Errerre *(agg.) def.* : romanzo reale

Con errerre si definisce abitualmente tutto quanto rientra nella dimensione idealizzata della realtà. L'alto grado di complessità strutturale raggiunto dalla società moderna ha forzatamente modificato anche il modo in cui l'uomo diviene consapevole di se stesso, soprattutto per ciò che concerne dove egli possa reperire le proprie gratificazioni, le quali in gran parte provengono principalmente dalle relazioni con i suoi simili.

Attraverso la modificazione sensoriale dovuta al continuo sviluppo tecnologico, nuovi centri per approvvigionarsi dell'idealità si sono formati. Questi non risiedono più semplicemente nell'immediatezza di un incontro personale e reale, ma nella sua rappresentazione idealizzata, che in ogni caso è, sia molto più malleabile da colui che la costruisce, sia più gestibile emotivamente da colui che ne viene a contatto, dato che entrambi possono sempre dire: "questa non è la realtà!".

La comunità errerre, come insieme ristretto di persone, nasce dunque per soddisfare questo nuovo bisogno, ossia far sfuggire all'insieme della comunità umana le frustrazioni che le provengono dall'isolamento che il nuovo modo di vivere sociale, mediato dai sistemi tecnologici, ha prodotto.

Nella comunità errerre convergono dunque persone reali, ma che sono, a questo punto, non persone qualunque, bensì personaggi pubblici. Essi s'incontrano con altri loro simili e costituiscono giorno dopo giorno la storia pubblica della società. Sono politici, attori, cantanti, sportivi, giornalisti ecc. Il loro incarico è quello di vivere una vita non ordinaria, ossia di fare tutto ciò che non è permesso agli uomini comuni, ed è anche a questo scopo che spesso percepiscono remunerazioni incomprensibili ai più.

In effetti attraverso la trasformazione da persone in personaggi essi arrivano a possedere notevoli privilegi, in un certo senso li si divinizza, ma allo stesso tempo li si confina anche in una sorta d'irreale gabbia dorata, ovvero li si distrugge umanamente, non permettendogli più ad esempio d'essere brutti, di avere bisogni comuni, d'essere sostanzialmente reali, pena la cessazione dei privilegi concessi.

È però grazie a quella comunità ristretta che l'insieme degli uomini, quelli rimasti solo reali e non appartenenti al romanzo della realtà, possono continuare ad illudersi di vivere bene la loro vita, pur nel costante e frustrante isolamento tecnologico in cui sono finiti; ciò perché alcuni di loro, quelli che come loro sono divenuti personaggi pubblici, gli appaiono come se avessero superato, attraverso il loro vivere romanzato, quella soglia del dolore che costituzionalmente è di tutti .

Ma ciò purtroppo, seppur ben architettato da oculati registi che ne traggono vantaggi considerevoli, rimane solo un romanzo, in quanto la realtà rimane in ogni caso un'esperienza che non può essere trascurata da nessuno, nemmeno da un divo, o un errerre.

Esorga *(s.f.) def.* : estetica dell'orgasmo

Eravamo ancora nell'Ottocento quando Schopenhauer si chiedeva perché agli uomini piacessero le donne con i fianchi larghi. La sua risposta era che essendo quel tipo di donna facilitata a partorire, l'uomo non poteva che essere ingannato da quell'immagine che in effetti non seguiva la logica del suo piacere, ma bensì quella di un principio a lui estraneo, il quale aveva come scopo, non il suo appagamento, ma il perpetuarsi della specie.

Dall'Ottocento ad oggi... qualcosa è successo! Le donne con i fianchi larghi non attizzano più le fantasie recondite degli uomini, questo è certo. Abbiamo avuto la liberazione sessuale, poi la pornografia, che ci ha istruito e continua a farlo nei minimi dettagli. Ormai conosciamo alla perfezione cosa avviene in quell'atto che una volta era ritenuto al fine del puro e semplice concepimento. Ora sappiamo che è tutto un gioco di tira e molla, di dentro e fuori, di avanti e indietro, di davanti e di dietro.

Con queste nuove scoperte siamo dunque finalmente divenuti in grado di riagguantare noi stessi, ed evitare il rischio, ancor peggiore, di quell'ascetismo nirvanesco che il povero Schopenhauer ipotizzava ancora essere l'unica via percorribile per non rimanere sbriciolati dalle illusioni di una volontà che ci sovrasta.

Noi oggi abbiamo imparato a volere, ma volere veramente, dunque vogliamo con estrema convinzione e a tutti i costi. Soprattutto, quello che vogliamo, è il nostro orgasmo, di conseguenza qualcuno con cui procurarcelo! Non importa con chi: donne, uomini, animali, vegetali... o quant'altro, l'importante è riuscire ad averlo! Ed è questa nuova consapevolezza che ci ha ridato la centralità del nostro io; un io che si stabilisce dunque principalmente sul nostro sentire: sento dunque sono, e che detta le leggi di una nuova estetica.

Queste leggi ora appaiono essere principalmente il frutto di una simbolizzazione esplicita di quell'atto sessuale che abbiamo conosciuto con l'attento studio della *fiction* pornografica. In effetti da dove sono uscite le labbra grosse: ma perché una donna dovrebbe avere delle labbra grosse, per spiegarsi meglio forse? E poi il seno prosperoso, meglio ancora: grande, anzi, enorme? Per allattare meglio ovviamente; e i capelli? Perché sempre bagnati? Ma certo, tutto è sempre meglio se appare bagnato, perché si sa che l'umidità aiuta, e poi quella cosa là non è mai una passeggiata, sopratutto se ci s'immagina possa avvenire nel dolce tepore di un'isola caraibica.

E per finire, ma solo questa definizione, muscoli sempre ben in vista, che debordino da magliette attillatissime, ovvero bicipiti fatti a dosi massicce d'ormoni: non certo per andare a scaricare i sacchi di un mercantile; e poi tutto il corollario di quei ventri che sembrano mari in burrasca, che più balze hanno più flessioni hanno fatto, e più agognati "su e giù" saranno in grado di mettere al mondo.

Un capitolo a sé meriterebbe infine tutta l'esposizione del raffinato armamentario da seduta sado-masochistica rappresentato da *piercing* e tatuaggi, perché si sa che anche quest'ultimi sono fatti attraverso i piaceri inconfessabili degli aghi. Di conseguenza una nuova forma di socialismo erotico dell'individuo è venuta affermarsi, quella in cui si può divenire qualcuno solo se si diviene il possibile oggetto sessuale di qualcun altro. Non sarà ancora l'Eden, questo è certo, ma in ogni caso è sempre meglio che non essere nessuno; seppur un nessuno da Nirvana, come rimuginava il nostro povero Schopenhauer.

f

Fanidentità *(sf)* *def*: la predisposizione a non identificarsi
con il proprio io

La fanidentità è stata oggetto d'innumerevoli studi. Il più
reputato è certamente quello che ha alle sue origini il pensiero freudiano. Questo considera il superamento del com-
plesso di Edipo una forma d'emancipazione verso l'età a-
dulta. In questo caso il bambino abbandona per amore della madre di uccidere metaforicamente il padre, iniziando
inversamente ad identificarsi con lui. Vi è dunque per la
psicanalisi una naturale propensione ad identificarsi con gli
altri, ad essere in un certo senso un loro fan, nel caso ac-
cennato del padre, che ha perciò per il bambino il valore di
un vero e proprio atto d'emancipazione dal rapporto sim-
biotico con la madre. Tuttavia alcuni problemi rimangono
all'ombra nel processo d'identificazione. Questi riguardano
principalmente quando la richiesta identitaria diviene ol-
tremodo pressante, ossia quando le aspettative sono più
forti della libertà concessa all'individuo, cosa che si può

concretizzare attraverso ricatti morali, punizioni o persino violenze fisiche. In questi casi è solitamente il genitore che richiede al figlio d'identificarsi con lui, ossia che il figlio non tradisca il desiderio del genitore. Qui ciò che è a rischio è però l'individualità del figlio. Questa può materializzarsi in seguito in una perdita d'autonomia dell'io, e può di conseguenza favorire tutti quegli atteggiamenti in cui non è più l'individuo a determinare le sue scelte, ma la moralità di un gruppo nel quale egli ha bisogno di riconoscersi per placare le sue ansie.

Con questi prerequisiti viene perciò a prospettarsi un modo di far gruppo, e in seconda istanza di far società, nel quale il denominatore comune è la presenza di alcune regole esplicite o implicite che ne determinano principalmente la sua tradizionale sussistenza e il suo perdurare. L'accettazione di queste regole deve essere totale, pena l'esclusione. Esse richiedono perciò una fedeltà simile a quella di un branco. Il totalitarismo di questa adesione inoltre può produrre atteggiamenti di tipo fanatico, in quanto la ragionevolezza e il buon senso non sono più indispensabili a questo tipo di convivenza sociale, mentre lo sono tutte quelle espressioni in cui si dimostra la propria fedeltà al gruppo. Quest'ultimo poi se ben organizzato può anche garantire all'individuo tutto ciò che gli serve alla sua sussistenza, in ogni caso non può sottrarsi dall'offrirgli un ruolo e una posizione sociale in esso, atta soprattutto a permettergli una compensazione psichica che il venir meno del posizionamento nel proprio io ha messo a rischio.

È evidente che in questo modo il gruppo non chiede al singolo alcun pensiero, ma solo un atto di adesione incondizionata. La riflessione, il porsi delle domande, avere dei dubbi, ossia le attività indispensabili all'installarsi di un io distinto da quello degli altri, e che la stessa psicanalisi come forma di "guarigione" di un eventuale male dell'identità propone nel suo percorso dialettico, sono totalmente banditi. In questo modo ciò che viene messo in disparte non è però solo l'io, ma pure una qualsiasi vera forma di emancipazione sociale, che nella libertà, e solo in essa, può avvenire.

Fideliberto *(s.m.)* *def.* : pregiudicato che ha stabilito un patto con la società civile al fine di reintegrarsi socialmente

Partendo dal fatto che tutti sbagliamo, ma che non sempre abbiamo anche la possibilità d'imparare dai nostri errori, ponendoci un effettivo rimedio, è nato il programma di fideliberazione.

Questa è una nuova misura adottata recentemente dal Parlamento italiano che si basa sul principio di tesaurizzare dagli errori al fine di migliorare il tenore della vita sociale, piuttosto che riacutizzarli e stigmatizzarli come brutali ed irrimediabili atti criminali.

Considerando che le pene carcerarie non servono generalmente a nulla, ma che appaiono semplicemente come una forma di compensazione simbolica del danno che un reato ha causato, e che questo non è mai effettivamente riparabile, in termini reali, ovvero carcerari (men che meno con svariati anni di detenzione forzata d'uomini che il più delle volte sono mantenuti in cattività alla stregua d'animali in catena), e che la detenzione carceraria non offre, come è risaputo, nemmeno alcuna garanzia sulla riabilitazione effettiva dei soggetti, dato che il più delle volte si dimostra essere solo una vera e propria scuola del crimine, si è stabilito di ridonare fiducia alle singole persone che manifestino l'effettiva volontà di reintegrarsi socialmente.

Le pene carcerarie del programma di fideliberazione apparterranno inizialmente, e in via sperimentale, ai soli reati che non sono stati compiuti tramite atti di violenza. Queste pene verranno perciò tramutate automaticamente in impegno lavorativo continuativo. L'imprenditore che sottoscriverà un contratto con lo Stato, assumendo un fideliberto per il periodo di lavoro obbligatorio relativo alla sua pena, lo remunererà al cinquanta per cento del corrispettivo sindacale che gli spetta, mentre l'altro cinquanta gli verrà corrisposto direttamente dallo Stato, grazie ai proventi offertigli dal risparmiato avvenuto sui costi della detenzione carceraria. Al termine del periodo di lavoro obbligatorio, sempre che non si siano prodotti problemi atti a compromettere il programma, il suddetto imprenditore sarà obbligato ad assumere il fideliberto a tempo indeterminato, e remunerarlo al cento per cento del corrispettivo sindacale considerato dalla sua categoria d'impiego.

Essendo inizialmente presi in considerazione principalmente solo i reati cosiddetti minori, tralasciando momentaneamente tutti quelli ove vi sono delle implicazioni psicologiche particolari dei condannati (cosa quest'ultima che dovrà dare luogo ad ulteriori studi ed a programmazioni di fattibilità per progetti di fideliberazione specifici), appare evidente che possedere una rendita costante sarà un deterrente importante a far sì che il condannato non recidivi, se non altro nel medesimo ambito di reati che gli sono stati ascritti.

La fideliberazione dunque non si propone come soluzione complessiva ai mali della società, ma piuttosto come atto di fiducia nella capacità che ogni uomo ha di potersi redimere. Essa è perciò solo un primo passo, ma concreto e realistico, e soprattutto compiuto sul lungo cammino dell'evoluzione sociale.

g

Globalnonarmcolombo *(s.f.) def.* : messa al bando complessiva e definitiva di tutti gli armamenti

"In fondo era sufficiente pensarci". È stato con questa frase che il Segretario Generale delle Nazioni Unite ha esordito al momento dell'annuncio del primo grande accordo su scala mondiale di messa al bando di tutti gli armamenti, sia convenzionali che non convenzionali.

In effetti che la cosa fosse possibile mai nessuno l'aveva creduto, ma l'accordo, accettato incredibilmente senza alcuna eccezione da tutti gli stati membri e diffuso con enorme stupore dai giornalisti del mondo intero, non solo è un accordo storico, ma è per tutti un vero e proprio miracolo.

Bisogna però dar conto dei lavori commissionali che hanno portato a questo provvidenziale risultato, destinato certamente a rimanere impresso nella memoria di tutte le generazioni che si succederanno: per tutti i secoli dei secoli.

Il punto chiave dell'accordo, ma anche il più spinoso, verteva sul trovare una maniera per dirimere i conflitti internazionali. Appurato che la diplomazia non sempre fosse in grado d'assolvere compiutamente tal compito, e che la guerra, seppur mitigata d'appellazioni eufemistiche come "missione di pace" ecc., rimane comunque un atto compiutamente nefasto, i delegati delle Nazioni Unite convocati in seduta plenaria per trovare una soluzione al fine d'arginare i conflitti sempre più diffusi e cruenti che si sviluppano sul pianeta, dopo tre giorni d'incessanti dibattiti non erano ancora pervenuti a nessuna ipotesi d'accordo.

È stato precisamente il terzo giorno di seduta, alle 19,19 (ora locale di New York), che un valletto incaricato del ricambio delle bottiglie d'acqua frizzante, con un gesto stizzito e tono disapprovatore nei confronti dei succitati (perché era anche da tre giorni che non aveva ancora potuto prendere la propria pausa lavoro), ebbe a pronunciare l'inaspettata frase: "Ma perché non vi fate una bella partita al pallone!"

È stato l'uovo di Colombo, come si suol dire. Tra l'altro il valletto in questione d'antiche origini italiane (napoletane per la precisione), possedendo lui stesso il cognome Colombo è stato onorato per questa sua geniale trovata dai delegati stessi, i quali hanno deciso di comprendere nel titolo dell'accordo il suo nome.

"In fondo dovevamo capirlo che se il mondo è tondo doveva pur esserci un motivo", ha ribadito alla fine della proclamazione e con estrema acutezza il Segretario Generale dell'ONU.

Pertanto d'ora in poi tutti i conflitti internazionali verranno risolti attraverso appositi tornei calcistici, regolati su base del diritto internazionale, e approntati con specifiche procedure di garanzia, quali ad esempio l'assegnazione degli arbitri da parte di un organismo specifico che fa capo alle Nazioni Unite.

Cos'altro aggiungere: evviva Colombo, l'uomo che ha reinventato il suo uovo.

i

Identiurgo *(s.m.) def.* : creatore d'identità

L'attività dell'identiurgo non è nata oggi, è però nei momenti più cupi che riemerge con clamore.

All'inizio, quando non esisteva ancora la luce, spettò al Dio d'Abramo fare le prime distinzioni; dopo fu la volta di Noè, con la sua famosa Arca a scegliere i "salvabili", e poi la storia fornirebbe di certo numerosi altri esempi, per dismisura citiamo solo il più atroce del secolo appena trascorso: Adolfo e i suoi aiuti, che anche loro avevano avuto l'idea d'imbarcare qualcuno su dei carri per purificare il mondo.

Si potrebbe però qui obbiettare che mettere sullo stesso piano Dio ed Adolfo sia come sostenere che il bene assoluto non sia poi tanto diverso dal male assoluto. In effetti apparentemente non sembrerebbero nemmeno tanto diversi, in fondo cosa ne sappiamo noi del bene e del male assoluto?

Ciononostante, e in tutti i casi, il bene come definizione non è il male, non esimiamoci dal compito di dare un senso alle cose, altrimenti dove ci ritroviamo?

Detto ciò, e con più attenzione, la questione in fondo non è nemmeno quella di distinguere tra il bene e il male, ma piuttosto che Dio (per i non credenti quello dei filosofi), a diversità dell'uomo non ha creato solo una visione delle cose, ma anche la loro sostanza.

La differenza è importante.

Quando perciò si creano delle identità: personali, professionali, di partito, nazionali... l'identiurgo coscienzioso sa bene che le nostre verità sono sempre relative a noi stessi; difatti esse appartengono quasi sempre alla sfera dei nostri desideri: essere più belli, più forti, più importanti, sentirci parte di un gruppo che conta ecc., sono sempre delle definizioni relative alle nostre aspettative, al nostro desiderio di poterci sentire qualcuno nel mondo, e come tali, ossia come visioni del mondo, possono dunque anche sempre tramutarsi nel loro contrario, come avviene per l'amore che può trasformarsi in odio, raramente accade il contrario. I più grandi della terra possono dunque sempre divenire i più piccoli, e non solo per statura, i più ricchi divenire i più poveri, e non solo per denaro, il sud del mondo può divenire il nord del mondo, e non solo in senso geografico, i bianchi possono divenire i negri, e non solo per il colore della loro pelle.

Il bravo identiurgo tiene conto di tutto ciò e sapendo che non sempre potrà capitare a lui di usare gli altri ma che a sua volta prima o poi potrebbe succedere d'essere lui a venire usato da loro, con intelligenza ha imparato già da subito a non usare nessuno; inoltre, sempre per non commettere errori irreparabili, ha deciso di lasciare a Dio il compito d'essere Dio, ossia al Supremo il compito delle verità supreme.

Ed è in questo modo, e solo in questo, che l'identiurgo può brillare di luce propria nel firmamento.

Inscrementare *(v.tr.)* *def.* : gettare lordure sugli altri, nell'intento di mostrarsi migliori

S'inscrementa in vari luoghi e per diversi motivi. Qui non è però possibile prenderli tutti in considerazione. Sembrerebbe comunque che alla base dell'atteggiamento in questione vi sia una spiccata volontà di primeggiare, motivata da un'incapacità ad emergere con le proprie forze. Da qui la necessità di mettere in cattiva luce (sotto elementi putridi), i propri pari, o comunque coloro con cui si è per un qualche motivo in competizione.

Nei sistemi democratici l'atteggiamento è piuttosto diffuso, specialmente alle scadenze elettorali. In genere però i candidati politici quando adottano quest'atteggiamento possiedono la consapevolezza di essere peggiori di coloro che inscrementano. Ciononostante il loro amor proprio non gli permetterà mai di ammetterlo, nemmeno ad elezioni avvenute.

1

Laborospira *(s.m.) def.* : ineffabilità del lavoro

La genealogia del lavoro può riassumersi in alcune brevi tappe: all'inizio, nel Paleolitico, l'uomo era cacciatore e raccoglitore, poi nel Neolitico divenne agricoltore, da lì artigiano, per buona parte del periodo storico, e infine, con l'avvent

Ma ora l'uomo, nell'epoca della smaterializzazione del prodotto attraverso la spiritualità binaria, cos'è? Cos'è divenuto?

L'uomo ora è finalmente ridivenuto cercatore! Egli, come ai suoi esordi in cui cercava di scovare la preda o di trovare le bacche, oggi non cerca più qualcosa di tangibile, oggi lui cerca il lavoro. Dove troverò il lavoro? Come farò a trovare il lavoro? Quando troverò il lavoro? Sono i tre quesiti cardine della sua riflessione esistenziale.

Il ricercatore di lavoro è dunque l'uomo nuovo, proprio perché in effetti egli non lavora più, proprio perché il suo vero lavoro è divenuto la ricerca del lavoro.

Il lavoro del resto, quello di un tempo, sembra che si sposti sul pianeta; si dice che ieri era là, oggi forse da qualche altra parte, non si sa mai bene dove sia finito realmente. Tutti lo cercano ma lui è ineffabile, si è spiritualizzato, è divenuto un miraggio. Gli industriali del resto pare che abbiano riassunto una sorta d'antica funzione filantropica: delocalizzano tra una probabile crisi e l'altra le loro aziende in continuazione, diffondendo in questo modo, così alcuni sperduti testimoni sostengono, il benessere sul pianeta. Oggi in effetti puoi trovare un'acciaieria o un'industria tessile che prima si trovava in Italia, in Cina o in Romania, domani quelle stesse fabbriche, senza bene capire il perché, te le puoi ritrovare nel pieno della foresta amazzonica, proprio come un tempo facevano i missionari.

L'uomo dunque nell'epoca del "bit" ha finalmente fatto una grande conquista: ha perso irrimediabilmente il lavoro!

Dovranno passare ancora parecchi anni affinché smetta pure di desideralo e cercarlo, ma alla fine potrà rendersi conto che ciò che ha conquistato è la sua libertà. I tempi per questa consapevolezza non sono ancora maturi, questo è evidente, ma in ogni caso quanto è avvenuto è un passaggio epocale.

Lagrisfugis *(s.f.)* *def.*: fuga di cervelli o anche cervelli in fuga

È ormai appurato che i cervelli periodicamente seguono rotte migratorie simili a certe specie d'uccelli, e che per questo tipo di migrazioni si conviene dire che essi siano in fuga. Ma perché i cervelli fuggono? Molte risposte sono state date del fenomeno, alcune di ordine economico, altre di carattere territoriale, scientifico, ecc. ma quella che pare la più semplice sembra non sia ancora stata offerta: i cervelli fuggono perché le loro gambe scappano! Il problema dei cervelli fuggiti non è tanto che siano da qualche parte, piuttosto che da dove sono partiti sono rimasti dei crani vuoti. Del resto chiedere di tornare ad occupare quegli spogli involucri non sembra essere ai loro occhi un'attrattiva eccessivamente allettante, in fondo i cervelli sono sempre fatti di materia grigia, ci pensano, anche bene, a tornare.

Il problema della lagrisfugis va perciò considerato diversamente. Sapere che i cervelli fuggono non semplicemente perché amano fuggire ma perché sono le loro gambe a scappare, vuol dire che questi che fuggono non sono solo cervelli, ma dei corpi tutti interi, meglio ancora: delle persone complete. Considerare pertanto queste ultime alla stregua di esclusivi cervelli è perciò lo stesso che dire che una donna è tale solo per alcuni suoi attributi. Certo, ci sono anche quelli in una donna, ma essa non è una donna solo per quelli, piuttosto perché è tutto il suo essere a mostrarlo. Lo stesso discorso vale anche per i cervelli, essi non sono solo cervelli, ma persone tutte intere. E quando queste scelgono di partire per altri luoghi, non lo fanno semplicemente per una sorta di magnetismo chimico per cui dei cervelli sembrerebbe ne attirino altri, ma perché in quei posti da cui partono sono le persone stesse a non essere ritenute molto importanti.

Un diverso considerare le persone potrebbe perciò essere il modo più conveniente per arrestare la fuga di una qualsiasi parte di loro? È questa un'ipotesi che varrebbe la pena d'essere considerata, ma solo se si è in grado di farlo nella sua completa totalità, altrimenti è meglio lasciare i cervelli dove stanno, e nelle ossa rimaste piantare qualche arbusto decorativo, in modo che a tutti quei crani vuoti gli si possa almeno salvare la faccia.

Ledblé *(s.m.) def.* : derivante dall'unione delle parole francesi *laid* e *blé*, letteralmente: brutto frumento

Il termine viene impiegato generalmente per indicare il Quoziente di ledblé. Questo esprime il grado di compensazione della mancanza di bellezza attraverso il frumento, il cui senso esteso è qui da ritenersi come tutto ciò che possiede valore sociale: denaro, potere, notorietà, fama...

La determinazione del grado di quoziente parte dal presupposto che ciò che unisce due persone sia Dio. Si utilizza quindi la seguente espressione: "Dio li crea e poi li pera" per determinare il grado base che corrisponde allo zero.

Negli altri casi, ad esempio quando il marito possiede il doppio o il triplo degli anni della moglie, oppure che questa risulti essere molto più affascinante di quello, si deve ipotizzare l'intervento riequilibratore del coefficiente di ledblé, il quale sarà generalmente più elevato in funzione dell'aumento carenziale d'intervento basico divino.

Il valore massimo raggiungibile dal Quoziente è comunque 100, valore che rimarca anche la soglia di demarcazione tra famiglie biologiche distinte, ma anche, in senso più ristretto, tra la sussistenza in vita o meno di uno degli individui considerati.

In definitiva l'esistenza del ledblé è dovuta al fatto che la bellezza possiede sempre un mercato, ma in forza delle seguenti condizioni: che ci sia qualcuno disponibile a venderla, così come un acquirente che a quel mercato, con i propri soldi e le proprie gambe, sia in grado di andare.

Logomachia *(s.f.) def.* : uccidere con le parole

La logomachia non si occupa come a prima vista sembrerebbe di un utilizzo critico del linguaggio, desumibile ad esempio nella seguente e consueta frase: "feriscono più le parole che le armi", ma deve piuttosto riferirsi all'impiego che della parola se ne può fare quando si vuole annichilire chi per un qualche motivo è obbligato ad ascoltare un logomata.

Esempi concreti che evidenziano la presenza di un logomata (che è appunto colui che impiega la logomachia) in un gruppo sociale, e notare che, seppur il tempo trascorra copiosamente, risulta essere sempre la medesima persona a parlare, mentre l'altro o gli altri si limitano generalmente ad annuire o a muovere su è giù la testa in segno d'acconsentimento.

I più recenti studi di psicologia comportamentale che analizzano i gruppi umani riportano del fenomeno versioni contrastanti. Alcuni studiosi affermano che la logomachia ha un valore positivo, dato che il gruppo ha bisogno di un *leader* per affermarsi come tale, mentre altri sostengono invece che attraverso la presenza di un logomata sia compromessa l'autonomia del gruppo stesso.

Da notare inoltre che se il logomata non possiede un effettivo potere gerarchico sui suoi uditori, per mantenerli appunto in uno stato costante di subordine, egli tenderà in ogni caso a perdere credibilità, dato che il processo verbale automatico al quale si riferisce lo condurrà senza dubbio al discredito totale.

È dunque per il citato motivo che tutti gli studiosi convergono sulla considerazione che quando i partecipanti di una comunità umana ricercano l'equilibrio degli scambi espressivi, la logomachia sia un'egomachia, ossia, tradotto in altri termini, sia un vero e proprio modo per il logomata di auto-annientarsi socialmente.

Logomati in questo stato di prostrazione si possono notare in atteggiamenti inconsulti, come ad esempio l'atto di dialogare con un muro, una pianta, oppure nei casi più estremi persino con uno o più raccoglitori contestuali dei rifiuti.

m

Mèrcio *(s.m.) def.* : elemento strutturale della personalità evoluta

Il concetto di mèrcio è venuto ad affermarsi come elemento che s'instaura nella psicologia dell'individuo quando questi giunge, all'interno della società dei consumi, a piena maturazione. Esso prende la sua forma più evoluta nel momento in cui l'individuo diviene cosciente del fatto che l'unico modo che possiede per poter vivere adeguatamente all'interno di questo tipo di società, è l'imprescindibilità di non poter che essere un consumatore, e che per essere pienamente ciò, ossia aver fortuna in questo tipo di società, non può prescindere d'essere a suo tempo anche egli stesso un prodotto di consumo per gli altri.

Il mercato delle merci è dunque ciò che regola il mèrcio interiore dell'individuo, il quale per mantenere il proprio desiderio di consumo deve anche essere capace di vendersi.

Senza lo sviluppo di questa capacità, egli vedrà ridotta notevolmente l'aspettativa di consumo, dunque la propria possibilità di realizzazione individuale.

La comprensione dell'individuo di appartenere al sistema della domanda e dell'offerta gli permetteranno di cogliere le tendenze del mercato, e di saper meglio gestire una sua eventuale collocazione alla Borsa delle personalità, che è in ogni caso lo strumento migliore per un'adeguata e coerente valutazione del proprio sé.

L'antico monito della necessità di conoscere se stessi ha dunque trovato una nuova e più convincente traduzione nel seguente adagio sapienziale: "vendi te stesso!"

Essere capaci di vendersi è comunque un processo che si apprende con difficoltà, dato che per collocarsi adeguatamente nella società odierna non si deve nemmeno disdire l'antico spirito d'abnegazione e di sacrificio offerto generalmente dalle morali religiose; in quanto dove si rendesse necessario si deve saper ricorrere anche all'ausilio doloroso delle più recenti e innovative tecnologie di chirurgia estetica, i cui esiti purtroppo non sempre sono convincenti, o quantomeno verosimili.

Il concetto di rischio, come del resto in tutte le forme cono-
sciute di mercato, non è dunque esente nemmeno in
quest'ambito più specifico d'economia del sé e vendita di
sé.

Meritodipendenza *(s.f.) def.* : legame di dipendenza gerarchica che un qualsiasi tipo d'autorità dispotica stabilisce con i suoi subalterni

La meritodipendenza è il sottoprodotto diretto della meritocrazia, la quale ipotizzando una giustizia sociale del merito come sviluppo coerente dei valori democratici, si afferma sostanzialmente in forma paradossale.

Effettivamente se nel termine di democrazia è chiaro chi dovrebbe avere il potere, ossia quel "demo" che per gli antichi greci era il popolo, in quello di meritocrazia non è invece affatto chiaro chi dovrebbe possederlo, proprio perché il merito non è un soggetto sociale, ma piuttosto un criterio di giudizio.

Il problema della meritocrazia sta appunto qui, in quanto in essa il potere non spetta a chi detiene le qualità di meritarsi qualcosa, come a prima vista sembrerebbe, ma piuttosto a chi esercita quel medesimo giudizio atto a stabilire il merito stesso. Ed è proprio per questo motivo che la meritocrazia si denota nient'altro come una sorta d'aristocrazia mistificata. Difatti chi per un motivo o per l'altro s'assoggetta ad essa, è destinato ad essere costantemente vittima di chi su di lui esercita il giudizio di valore.

Dover formulare i propri obiettivi personali alla stregua di pregi che altri, non si sa bene come, dovrebbero individuare, genera quindi uno stato di prostrazione e dipendenza caratterizzata dall'impossibilità oggettiva d'essere effettivamente e costantemente all'altezza delle sue aspettative; questo sia per averle comprese, sia per poterle effettivamente realizzare.

È chiaro pertanto che legando la propria sussistenza ad un'autorità esterna di questo tipo non si può che incombere nella sua dipendenza psicologica, con tutti gli scompensi e gli automatismi patologici che ne conseguono.

Del resto il dilagare delle pratiche di dissimulazione e falsificazione nella società odierna evidenzia la forte richiesta di legami d'asservimento di questo tipo, in quanto sono proprio loro, dissimulazione e falsificazione, le uniche forme di resistenza possibile quando s'avvera essere molto forte la domanda d'assoggettamento e strumentalizzazione da parte di un'autorità dispotica nei confronti di coloro che, quest'ultima, considera come propri subalterni.

Migroscafo *(s.m.) def.* : nave da crociera messa a disposizione dal Governo italiano per informare i candidati all'immigrazione sulle risorse e i problemi da considerare per realizzare il loro progetto

Recentemente, impiegando anche finanziamenti ONU e UE, una nave da guerra della Marina italiana è stata riabilitata come nave da crociera e messa in servizio gratuito su alcune rotte dove i flussi migratori rivolti al nostro paese sono più considerevoli.

Su di essa un'*équipe* d'esperti in relazioni interculturali attende e accoglie calorosamente nei vari porti i candidati al fine d'accompagnarli verso "il bel paese". Durante il viaggio si tengono convegni si proiettano film e si offrono ai candidati le informazioni appropriate sulle disponibilità che la Nazione offre, sia da un punto di vista lavorativo, abitativo, come anche delle possibilità d'interazione culturale.

Dopo aver fatto tappa in alcune città significative, realizzando anche delle visite guidate nei siti di maggior rilievo, i passeggeri sono riaccompagnati al luogo di partenza. In questo modo gli viene offerta la possibilità di considerare in maniera appropriata il loro progetto di migrazione, permettendogli inoltre di divenire consapevoli dei rischi effettivi d'intraprenderlo clandestinamente.

Bisogna anche evidenziare che, dalla messa in servizio del migroscafo, studi statistici commissionati dal ministero degli interni hanno potuto dimostrare il considerevole calo del fenomeno dell'immigrazione clandestina nel paese. Inoltre, al momento attuale, anche un progetto simile denominato Migrobus sta per essere realizzato dall'Amministrazione statunitense presso il confine messicano.

n

Nienergia *(s.f.) def.* : energia non utilizzata

La nienergia si sta profilando come l'energia del futuro e, come ci dicono ormai da anni i più accreditati esperti, è indubbiamente destinata a rimpiazzare l'energia tradizionale in tutti i settori produttivi e di consumo.

Un progetto all'avanguardia è stato recentemente predisposto dal Governo italiano. Difatti, piuttosto che emulare i nefasti progetti energetici della maggior parte dei paesi industrializzati, basati sulla produzione d'energia con impianti rischiosi (vedi nucleare) o molto inquinanti (vedi carbone), ultimamente questo paese ha avuto la lungimiranza d'archiviare definitivamente i progetti per realizzare delle centrali elettriche nucleari, come del resto una consultazione popolare aveva già designato, e facendo leva sulla capacità inventiva dei suoi cittadini e sulla storica tradizione bancaria della nazione, piuttosto che finanziare nuovi ed onerosi impianti di produzione elettrica, ha deciso d'istituire delle agenzie di credito per lo sviluppo della nie-nergia.

Il meccanismo è assai semplice: le agenzie suddette hanno l'incarico di finanziare singoli progetti, sia di privati citta-dini sia d'imprese che prevedano di realizzare sistemi di ri-sparmio energetico tramite impianti d'isolamento termico o di produzione autonoma d'energia, come ad esempio im-piegando i pannelli fotovoltaici. In un secondo tempo, as-sieme all'erogazione ormai ridotta in watt d'energia elettri-ca tradizionale, verranno dunque erogati anche negawatts di nienergia, e l'agenzia attraverso l'emissione di una fattu-ra periodica congiunta a quella del consumo dell'ente forni-tore abituale, verrà, attraverso il pagamento dei negawatts, rimborsata gradualmente del finanziamento elargito.

L'aumento di consumo energetico previsto per il futuro e che inizialmente si pensava d'ammortizzare con la costru-zione di nuove centrali atomiche, in questo modo sarà in-vece progressivamente reso nullo dall'aumento della pro-duzione a rischio e inquinamento zero offerto dalla niener-gia.

In conseguenza a ciò, sia i singoli cittadini che le imprese vedranno, a rimborso totale effettuato, considerevolmente ridotta anche la loro spesa energetica complessiva.

Nonolo *(s.m.) def.* : la contrapposizione che vi è tra noi e loro

A differenza dei nomi che designano qualcosa o qualcuno nella sua unicità, i pronomi, censiti di stare al posto dei nomi, non sono altro che vuote rappresentazioni di quelli.

Come avviene nel calcolo matematico ove si ha sempre a che fare con delle forme vuote e mai con qualcosa di sostanziale, così allo stesso modo i pronomi ci possono solo parlare di differenze relative a qualcos'altro, e non delineano mai un'identità effettiva.

Quanta differenza c'e tra un io e un tu? Di certo molto di meno che tra un io e un lui, oppure un lei. E quanta ve n'è tra un noi e un voi? Sicuramente molto di meno che tra un noi e un loro. Difatti se con un voi si può giungere ad un accordo, con un loro si ha generalmente dei concorrenti, in alcuni casi persino dei nemici. Difatti non si gioca mai una partita di campionato contro di voi, bensì contro di loro. Allo stesso modo non si fa mai una guerra contro di voi, che siete probabilmente nostri amici ed alleati, ma contro di loro sì.

Di conseguenza istituendosi attraverso la sintassi pronominale una gerarchia netta tra i pronomi, quei nomi a cui i pronomi si riferiscono saranno anche facilitati ad inglobarsi tutto quanto gli sta accanto; e quando lo faranno sarà con i loro rispettivi aggettivi: il nostro, il vostro e il loro.

Ma queste entità in definitiva che cosa sono ?

Come pronomi questo l'abbiamo visto, sono la differenza che vi è tra noi, voi e loro, ma come nomi?

Come nomi la differenza non è più pronominale, ossia relativa, ma assoluta. Difatti ciò avviene perché ogni nome, seppur uguale a quello di un altro, designa sempre anche l'unicità. Tramite il nome la differenza essendo assoluta si dimostra praticamente come l'unione dei contrari, ossia la completa uguaglianza, per cui un nome, designando sempre anche un altro che ha le mie stesse caratteristiche, difatti ogni uomo è uomo perché uguale ad un altro uomo, lo fa però sostenendo la sua totale diversità: ogni uomo è uomo proprio perché diverso da un altro uomo. Ed è proprio questa coesistenza d'uguaglianza e differenza nel medesimo soggetto ad essere in grado d'offrire al nome la sua unicità, cosa che un pronome non può fare, in quanto è nato solo per non essere uguale ad un altro.

Pertanto risulta che ragionare con i pronomi non ha mai l'ambizione di mostrare la sostanza delle cose, la loro verità effettiva. Essendo una forma di semplificazione che non indica nulla in se stesso, quel tipo di ragionamento è solo un espediente per giustificare ogni tipo di manipolazione.

Le retoriche demagogiche in effetti si avvalgono con estrema disinvoltura delle contrapposizioni pronominali, soprattutto quando creando identità fittizie hanno lo scopo d'aizzare delle persone (che in questo caso non assolvono altro che il ruolo di un aggettivo possessivo, ossia essere dei mezzi per loro), contro altri.

Un nome può aprire dunque al dialogo, mentre un pronome... spesso lo fa per l'incomprensione!

Nonsenzionalista *(s.m.) def.* : figura grandiosa del panorama umano

Erede nella sua immaginazione del superuomo nietzschiano, il nonsenzionalista non scarseggia di dote alcuna. Nichilista perfetto, per lui non c'è nient'altro che può superare l'abisso del suo esclusivo sé. Gli altri dunque: solo pecore, per non dire cretini.

Come tutte le migliori incarnazioni del vero è incredulo che le genti non gli abbiano ancora consacrato un culto, ma prima o poi dovranno ricredersi. Sussiste per sé, brilla con le sue esclusive forze, tutto ciò che fa, perché è lui che lo fa, è semplicemente geniale. Non c'è discorso che tenga, non c'è logica che lo scalfisca, e nessuna ragione riuscirà mai ad insinuare in lui il minimo dubbio. Il suo parlare è dunque un *brainstorming* continuo, il suo *software* di scrittura preferito: Guttalax. Non lo sfiora mai il timore che gli altri possano realmente comprendere ciò che dice, è solo un problema del loro limitato quoziente intellettivo, e per quanto riguarda le idee: nient'altro che ciabatte ammuffite!

Instancabile creatore e manipolatore del nulla, mira a stupire in continuazione, infondendo perplessità a destra e a manca, ma soprattutto: attende! Con impazienza egli attende il giorno in cui le bocche aperte avranno estinto anche l'ultimo moscerino; sarà solo allora che il suo genio, riconosciuto per quello che realmente è, verrà ripagato al peso d'oro suonante. L'oro, l'unica cosa degna di lui, l'unica che non sia ancora riuscita a divenirgli un nonsenso.

Ma si sa, se tutti gli uomini hanno i loro limiti, anche i superuomini prima o poi dovranno imbattersi nei loro superlimiti.

O

Opportunovo *(s.m.) def.* : pari opportunità per i nuovo nati

L'Unione Europea ha ultimamente approvato un disegno di legge che, entrando in vigore in coincidenza con la fine del tempo del calendario Maya (21 Dicembre 2012), instaurerà un nuovo inizio, ossia porterà all'abolizione del diritto privato d'eredità.

Che le pari opportunità tra i cittadini siano un elemento di giustizia sociale e di progresso civile, è ciò che si trova a fondamento di questa nuova legge. Ma quali pari opportunità si offrono realmente a tutti coloro che non sono ancor nati?

Tutti noi crescendo prima o poi siamo divenuti consapevoli che, anche quando non c'eravamo ancora, il Mondo era in ogni caso già proprietà di qualcuno. Che il Mondo sia già di alcuni, semplicemente perché sono nati prima di altri, è apparso ai delegati parlamentari di Strasburgo irragionevole. Non è sembrato equo soprattutto che coloro che nascono casualmente come figli di ricchi, o persino straricchi, ereditino beni e risorse immense, mentre coloro che per lo stesso motivo casuale sono nati figli di poveri: tutto ciò non potranno nemmeno sognarselo! Questo persino se vivessero mille volte più di quelli.

La nuova legge denominata dell'opportunovo cercherà dunque di sanare quest'incongruenza colossale. Eliminando il diritto d'eredità privato, quello per intenderci di lignaggio genitore-figlio, un'eredità generalizzata per tutti i nuovo nati negli stati membri della UE verrà istituita e disposta.

Con questa nuova legge si metterà a disposizione d'ognuno, raggiunto il 18 esimo anno d'età, risorse e beni d'ugual valore per tutti, e sulla sola base del diritto d'essere nati. Queste risorse costituite da beni mobili ed immobili provenienti da tutti coloro che non sono (o per ovvi motivi non saranno), più tra noi, verranno incamerate preventivamente dalle istituzioni collettive preposte, e da queste in seguito ridistribuite. I beni suddetti potranno essere ad esempio un appezzamento di terra, una casa o quant'altro, fermo restante che la stima del loro valore complessivo dovrà rimanere in ogni caso la medesima per tutti.

Con questa nuova legge un nuovo passo di civiltà è stato raggiunto dal genere umano, ed è anche forte la convinzione che a breve pure altre sovranità nazionali adotteranno una legislazione simile, proprio perché il vecchio tempo Maya sta per giungere a termine, ed un nuovo procedere della storia che prenda il suo posto chiede urgentemente d'emettere il suo vagito.

Ossimonèsi *(s.f.) def.* : fattore di sviluppo alternato d'elementi incompatibili

L'ossimonèsi rappresenta una sfida sempre attuale per tutti gli studiosi di scienze sociali, o almeno per quelli che hanno uno spiccato interesse per le sorti del genere umano nella sua complessità.

Difatti non si riesce a comprendere perché (soprattutto nelle società dove le risorse collettive sono più limitate), si assiste in particolar modo al seguente fenomeno: più i ricchi diventano ricchi, e più i poveri diventano poveri.

Bisogna in ogni caso osservare, per correttezza esplicativa, che la citata dinamica si sviluppa pure nella sequenza inversa: quando i poveri divengono più poveri, i ricchi divengono più ricchi.

Alcune ipotesi di lettura del fenomeno sono state avanzate. La più reputata è quella che denota la mancanza di una classe sociale intermedia, che sia in grado di togliere un po' di povertà ai poveri e un po' di ricchezza ai ricchi. Tuttavia questa classe ha difficoltà ad affermarsi, in quanto non possiede ancora i modelli culturali adeguati, dato che in genere i ricchi non si accontentano mai d'essere solo meno ricchi, così come neanche i poveri, d'essere solo meno poveri.

Si assiste pertanto solo a delle incongruenti inversioni di campo, che fanno sì che si possa affermare solo la costante nascita di nuove ricchezze, con l'ovvio corollario di nuovi ricchi, oppure dal lato inverso l'insorgere di nuove povertà, con la conseguente instaurazione di nuovi poveri.

Ciononostante ulteriori osservazioni del fenomeno hanno evidenziato che il superamento dell'aporia dell'ossimonèsi è possibile. Questa eventualità prende le mosse dalla constatazione che quando un ricco piange, lo fa perché non riesce a capire come mai anche un povero può essere contento, mentre viceversa quando un povero piange, lo fa perché sempre ha chiaro il motivo per cui un ricco gli sta sottraendo la possibilità di vivere decentemente.

È quindi da questo diverso modo di saper comprendere la causa della propria tristezza che, secondo gli studiosi, l'aporia potrà essere superata.

p

Patrio *(s.m.) def.* : il carattere genitoriale dello Stato

Se nel concetto di patria poteva riecheggiare ancora il principio benevolo e generatore della terra, di una madre terra che in ogni caso era già corrotta nell'identificazione con l'effettivo signore di quella, ovvero il padre, inversamente con il patrio si è smarrita del tutto l'idea di una terra feconda dove i suoi figli possano crescere naturalmente.

Nel patrio la terra è dunque divenuta solo un ambiente delimitato dai confini nazionali, ossia una specie di giardino d'infanzia dove lo Stato esercita la sua giurisdizione finalizzata alla rettitudine dei propri figli: i cittadini-bambini. Il patrio è perciò simile a quel bastone che si conficca vicino ad una pianta per farla crescere in modo retto; lo Stato patrio, di conseguenza, è quello che ha deciso di utilizzare esclusivamente il bastone, difatti la famosa carota è rimasta dimenticata nella patria terra.

Lo Stato del bastone è, a diversità di quella, lo Stato patrio, ossia quello che non investe nella cultura e nell'educazione perché non sono redditizie, non danno risultati immediati si dice: ma quali sarebbero questi risultati? Quello che si preoccupa solo dei decreti d'emanare e delle prossime leggi da fare, i quali considereranno sempre una pena, altrimenti che leggi sono? Quello che comunica con la pubblicità progresso, per un progresso di qualcosa, ma di che cosa? Lo stato che non sa immaginare che i propri figli-cittadini possano capire per proprio conto quello che è bene e male per loro, e che quindi vadano solo condizionati (in fondo non sono altro che consumatori), ad adottare comportamenti retti. Quello che obbliga a mettere la cintura di sicurezza, il casco: è per il loro bene, si continua a dire, ma non si è mai compreso appieno se faccia più bene a loro o alle casse dello Stato. È quello che esercitando il monopolio minaccia i fumatori di morte, e che sempre per il solito loro bene non si esima d'esser presente con il suo occhio vigile e rassicurante in tutti gli altri possibili vizi: superalcolici, sale da gioco, lotterie... sarebbe ora che si decida anche sulle droghe leggere!

Questo è lo Stato patrio. Un ruolo difficile il suo, forse addirittura controverso, ma un'indubbia garanzia per la rettitudine d'ogni cittadino, il quale, in ogni caso, rimarrà anche sempre bambino.

Peggiorcrazia *(s.f.)* *def.* : malessere sociale in cui i peggiori si trovano generalmente ai primi posti

La peggiorcrazia si è sviluppata principalmente in quelle comunità che affondano le radici del loro vivere sociale nella cultura greco-giudaica. Le cause che producono il malessere della peggiorcrazia sono sostanzialmente due: una d'origine greca, la democrazia, l'altra giudaica, la fede. In effetti i peggiori grazie a questo sistema bipolare giungono quasi sempre e con facilità ai primi posti, e ciò avviene principalmente per due motivi: il primo perché vi è una condizione sociale che glielo permette: la democrazia; il secondo perché ci sono delle persone che glielo permettono: i credenti.

In democrazia si sa, chiunque, per il semplice fatto d'essere cittadino, può accedere al potere. Invece la fede, che si sviluppa generalmente in atti conformi ad essa, nasce nel carattere morale degli individui, ossia nella loro coscienza. Ed è a quest'ultimo livello che si determina, per così dire, il podio peggiorcratico.

Coloro che saranno più influenzabili dalla morale, ossia più propensi ad accogliere e far propri i principi della giustizia sociale, limiteranno la possibile dannosità delle loro azioni senza il bisogno che vi sia un'obbligazione esteriore ad imporglielo.

Ora, se la democrazia permette a tutti d'accedere al potere, chi sarà colui che arriverà primo? Quello che si è posto delle regole morali, dei limiti del tipo: essere onesto, dire la verità, rispettare gli altri ecc., oppure quello che questi limiti non se li è posti e che con qualsiasi spregiudicatezza può giungere in prima posizione? Molto probabilmente sarà proprio costui ad arrivare primo. Del resto bisogna anche dire che, parlando di migliori o peggiori, ciò che si offre è pure qui un giudizio morale, un giudizio che discrimina appunto le persone in base a che esse posseggono o meno una certa moralità.

Del resto quando nei Vangeli si sostiene che nel regno dei cieli "i primi saranno gli ultimi e gli ultimi saranno i primi", si dimostra chiaramente che nel nostro di regno la morale è un impedimento ad essere primi.

E difatti è proprio per questo che i peggiori nel nostro mondo sono generalmente primi, proprio perché i migliori, se vogliono continuare ad essere tali, non possono smettere di rispettare tutti, anche i peggiori. Praticamente in questo modo però continuano a consentirgli d'essere tali, e questi, lasciati liberi da un sistema democratico che non può a sua volta discriminarli moralmente, preferiscono continuare ad essere primi nel nostro bel mondo, piuttosto che in quello eterno, ma purtroppo ipotetico e fantasmagorico dei cieli.

A questo punto cosa aggiungere? Che Dio ci salvi, ancora in vita possibilmente, altrimenti non ci resterà che farlo noi!

Plusfurbo *(s.m.) def.* : il più furbo

Il plusfurbo non è un semplice furbo, egli è più furbo di un furbo qualunque; difatti, a diversità dei semplici furbi che non si stimano ma che per la loro astuzia si ammirano, il plusfurbo invece lo si può solo detestare, soprattutto per la sua grande abilità ad essere ingiusto, così come viceversa ammirare, per le sue eccelse doti di saper brillare al di sopra degli altri.

In effetti se per il furbo la legge è uguale per tutti meno che per lui, per il plusfurbo la medesima legge sarà uguale solo per gli altri. La sfumatura è sottile ma essenziale, in quanto se il primo si sottrarrà semplicemente ad una legge che comunque riconosce, ciò non sarà il caso del secondo.

Facciamo perciò un esempio per comprendere meglio questa diversità tra il semplice furbo e il plusfurbo. Se un furbo si dovesse trovare nella sala d'attesa di un medico, questi per entrare prima di tutti, sostenendo il falso, giurerà che si trovava lì prima che gli altri arrivassero, e che si era solo dovuto assentare un momento dalla sala d'attesa, inventandosi allo scopo una scusa qualsiasi. A diversità il plusfurbo telefonerà, in alcuni casi farà telefonare preventivamente al medico dalla sua segretaria, e con la promessa di una lauta mancia quando si presenterà allo studio si farà aprire la porta dal professionista stesso, il quale con tutti i riguardi del caso lo inviterà ad entrare all'improvviso e prima che tutti i presenti abbiano la possibilità di rendersi conto d'essere stati raggirati, dunque senza poter proferire alcun malcontento, cosa che invece non succederà al semplice furbo, che dovrà sorbirsi le critiche degli astanti.

In un sistema dove vigono le leggi uguali per tutti pertanto i vili ladruncoli possono solo infrangerle, i furbi raggirarle, e i plusfurbi: abolirle definitivamente, ma solo per se stessi, evidentemente. Se con i plusfurbi non ritorna dunque l'apparente e ingiusta violenza di un sistema senza leggi, dove sono appunto solo i più forti ad imporsi, di fatto vi ritorna nella completa ingiustizia in cui i fatti si concatenano tra di loro. In effetti la legge che legherà questi fatti sarà solo quella del plusfurbo, ossia quella che vale solo per gli altri, o anche: una legge che non vale per tutti.

Prioiò *(s.m. pl.: ii) def.* : primo della classe che si crede d'essere il primo della classe

È risaputo che in tutte le società che si rispettino esistono sempre i primi e gli ultimi. I prioii si differenziano dai semplici primi per il fatto d'essere dei veri e propri campioni, convinti ferventi della perdurabilità imperitura del loro stato di grazia, senza immaginarsi per un istante che nel mondo le cose cambiano, e che in ogni caso chi è primo in qualcosa non per forza lo è anche in qualcosa d'altro.

Ma vediamo nei particolari come avviene l'evoluzione del prioiò in alcune tappe fondamentali del suo processo maturativo.

All'asilo è colui che detta sempre le regole del gioco, decide chi può e chi non può giocare, si lamenta con la maestra piangendo senza lacrime quando qualcuno per ciò gli ha dato un calcio negli stinchi. Alle elementari è sempre nei primi banchi, alza la mano prima degli altri e, se proprio non sempre per dare la risposta giusta, almeno lo fa per essergli d'innanzi nell'andare in bagno. Alle medie le ragazzine in genere lo odiano, le poche che lo apprezzano sono quelle che hanno accettato i suoi regali, un pezzo di gomma, una matita nuova, in genere comunque tutto ciò che gli è superfluo. Al liceo è l'unico che continua ad arrivare in macchina con suo padre, permette solo a pochi fidati di copiargli le versioni di latino e gli esercizi di matematica, mentre risulta sempre in testa alla consegna del tema d'italiano; scritto che comunque non eccelle in originalità. All'università non ha mai niente da chiedere al docente perché lui non è un idiota, scrive quantità incongrue d'appunti che ripetono sempre le stesse cose ma in modo sempre più incomprensibile: li venderà in seguito ai suoi ignari compagni.

A questo punto, finita l'università, può accadere di tutto, perché qualsiasi cosa è in funzione a quanto il prioiò sia riuscito a convincere anche gli altri del fatto d'essere veramente il primo della classe. Se non vi sarà riuscito, anni bui l'attenderanno, se invece l'avrà spuntata nel convincere anche gli altri, seppur inizialmente solo in forma dubitativa, dovrà solo continuare a credere d'essere fermamente ciò che ritiene d'essere, che anche quelli prima o poi ne diverranno sempre più certi.

Quando la convinzione avrà guadagnato definitivamente il suo *entourage*, il prioiò non dovrà che attendere il dilagare della "buona novella" tra le genti, le quali non perderanno molto a giurare che lui è l'uomo del destino. Sarà solo a questo punto che il prioiò potrà iniziare ad ipotizzare di divenire Premier, o chissà, fors'anche Papa. A volte ci riuscirà.

Pubultura *(s.f.) def.* : cultura a fini economici

La pubultura è una nuova forma di cultura che stabilisce il proprio valore principalmente attraverso il gradimento. La sua evidente neutralità le dona una chiara legittimità democratica, dato che fa appunto essere la scelta del fruitore l'unico elemento che determina il valore di un prodotto culturale; beninteso: prodotto, non opera.

Essendo dunque il fruitore a determinare le caratteristiche di un prodotto culturale, l'autonomia dell'offerta nella pubultura è stata finalmente bandita, e con essa tutti quegli atti traumatici che caratterizzavano ancora *l'ancienne culture*, da intendere qui come: "diversità culturale". Il risultato pubulturale, non essendo più quello di un'interazione tra elementi eterogenei come avveniva in precedenza, permette finalmente al fruitore di pascersi tautologicamente in uno stato d'appagante soddisfazione.

In questo modo la pubultura ha definitivamente azzerato l'arroganza che caratterizzava prima la cultura, la quale come atto di "coltivazione" forzava spiritualmente il genere umano verso opinabili forme d'emancipazione collettiva.

La pubultura potrebbe perciò definirsi come un vero e proprio ritorno alla natura, ossia verso uno stato primordiale e atarassico dell'uomo. Pertanto i suoi prodotti, nonostante potranno mostrare sofferenza, disagio, dubbio, e persino difficoltà, non implicheranno mai, per non perdere la curiosità del fruitore, il suo coinvolgimento emotivo diretto, evitando così il rischio di farlo fuggire dalla fruizione stessa.

I prodotti pubulturali eviteranno sempre di destabilizzare il fruitore, mettendolo al riparo dal fatto che questi si possa porre delle domande, si adiri, non capisca, rimanga incredulo. Eluderanno categoricamente la possibilità di stimolarlo verso uno stato conflittuale, sia con se stesso che con gli altri. A riguardo bisogna notare che le basi innate d'ogni atto di scelta non sono l'instabilità, bensì la stabilità, e si fondano, come ad esempio nei legami covalenti della chimica, sul minor dispendio d'energia possibile: leggi queste che il produttore di pubultura dovrà conoscere perfettamente!

In questo modo vengono finalmente inficiate anche tutte quelle illazioni che vagheggiavano ancora l'idea che sia solo nella difficoltà, che gli individui crescono.

Bisogna però rimarcare che essendo obiettivo principale della pubultura quello di non mettere a rischio gli investimenti e le rendite economiche che ci si attende dalla sua produzione, il mantenimento e la conservazione dell'esistente avranno dunque la priorità assoluta su tutte le rischiose possibilità di cambiamento futuro. Questa conservazione, come si è visto, dovrà però essere mistificata a regola d'arte con la fittizia e costante creazione di novità apparenti, atte a mantenere nello stato di persistente interesse il fruitore.

Ed è qui, in effetti, la grande maestria che si richiede ad un eccellente creatore di prodotti pubulturali; maestria che per il successo del prodotto stesso dovrà comunque appartenere anche a tutti coloro che ne offrono la sua promozione e pubblica diffusione.

r

Rimborare *(v.tr. e intr.) def.* : bum, bim, bam

Attraverso alcuni esami sperimentali degli scienziati che avevano allo studio la comunicazione tra diverse scimmie di un gruppo di scimpanzé, hanno messo in evidenza che, aumentando gli elementi appartenenti al gruppo, gli scimpanzé risultavano progressivamente destabilizzati.

Se inizialmente una famigliola di quattro scimmie si cibava regolarmente di banane senza alcun problema apparente, giunti al numero di sessantacinque animali, nella medesima gabbia, si è notato che i primi quattro scimpanzé non usavano più il medesimo frutto per cibarsi, ma avevano iniziato ad utilizzarlo come proiettile da scagliare al di fuori della gabbia stessa, cercando di colpire gli addetti all'approvvigionamento alimentare.

Così facendo la famigliola iniziale andò incontro ad un grave stato di deperimento fisico, che costrinse gli scienziati (o gli scimpanzé), ad interrompere l'esperimento.

Le conclusioni che se ne trassero furono che aumentando gli animali nella gabbia si aumentava anche la quantità d'interazioni tra di loro, in un certo senso aumentava in modo incontrollabile il flusso d'informazioni che gli scimpanzé si scambiavano, mostrando quindi che più informazioni erano poste in circolo, e più lo stato dell'informazione stessa degenerava, divenendo destabilizzante per gli animali stessi.

Gli scienziati, partendo dall'esperimento, hanno quindi fatto alcuni raffronti tra i loro dati sperimentali e lo stato caotico d'iperinformazione che caratterizza la società moderna. In effetti, all'interno di un mare d'informazioni che variano in continuazione senza però per ovvi motivi permettere una loro partecipazione effettiva, ossia che si produca un cambiamento emotivo in chi viene informato, il rimborare e il sentimento d'avversità che esso suscita sembrano essere divenuti, secondo gli scienziati, anche gli unici effetti dell'informazione nel mondo moderno.

L'informazione perciò, con lo scopo costante di dover catturare un'attenzione che per ovvi motivi è divenuta globalmente sfuggente, ha dunque acquisito anche il carattere dell'assordante, del grottesco, dell'insolito, e di tutte quelle forme che tentino, in un modo o nell'altro, d'attrarre a sé l'interesse.

Sempre secondo i suddetti scienziati è proprio per questo motivo che l'informazione, concentrandosi sul modo piuttosto che sui contenuti, non si propone più come reale informazione, ma come disinformazione. Difatti non permettendo più di stabilire quello che serva davvero sapere, l'informazione ha perciò acquisito un carattere subliminale, ossia non sia più realmente udibile, ingenerando i rischi che tutti noi possiamo bene immaginare, e che gli scimpanzé dell'esperimento hanno vissuto in prima persona sulla loro pelle, o peli.

S

Sbluffare *(v.tr.)* *def.* : inerente le auto blu diplomatiche sfreccianti ad alta velocità sia su carrabile cittadina che e-xtraurbana con o senza scorta poliziesca

La definizione è forzatamente limitante nel suo soggetto in quanto le auto in questione non rivelano quasi mai una vitale presenza al loro interno, dato che in genere sono dotate di vetri scuri.

L'immaginazione popolare dunque, grazie anche a questa inappercezione diretta, può prodursi in modo piuttosto ricco, ipotizzando al loro interno personaggi d'alto lignaggio politico, statisti di suprema caratura, magistrati eroici, così come pure anziani e carismatici Presidenti della Repubblica, oppure personaggi esotici quali sceicchi con il proprio harem al seguito, o magari anche solo semplici petrolieri texani invitati per chissà qual caso del destino al Quirinale o a Palazzo Chigi, oppure fors'anche al più modesto Campidoglio, per sponsorizzare una nuova e affascinante campa-

gna d'informazione pubblica sui danni dovuti allo sfrutta-
mento sconsiderato delle risorse naturali del pianeta.

In senso più ampio con il termine sbluffare ci si riferisce
però a tutti quegli atti in cui si possa invece riscontrare
semplicemente e solo l'arroganza dei potenti.

Sopraloco *(s.m.) def.* : rifugio cittadino

Il comune di Roma ha recentemente bandito un concorso per la presentazione di progetti architettonici a favore dei senza tetto della capitale. Questo è stato vinto da un famoso architetto che ha proposto una soluzione piuttosto originale denominata: sopraloco.

Partendo dall'idea che un rifugio o un bivacco si mette a disposizione persino di tutti quegli amanti della montagna che si avventurano in luoghi impervi, non si capiva perché la stessa cosa non poteva venir offerta anche a tutte quelle persone che, per mancanza di mezzi propri, rischiano in continuazione la loro vita in una banale e civilissima città.

Il sopraloco si comporrà di un modulo abitativo per l'utilizzo di una sola persona. Di metratura assai ridotta, esso sarà comunque attrezzato di un sistema di climatizzazione, di un letto, e di servizi igienici. Il sopraloco sarà inoltre accessibile a tutti, senza preclusioni di sorta, ossia in forma gratuita.

Per far sì che il modulo non diventi una residenza stabile e mantenga la sua funzione di primo soccorso, per accedervi bisognerà premunirsi gratuitamente di una carta magnetica, la quale sarà programmata affinché sia possibile riaccedere al medesimo modulo solo trascorsi 15 giorni; se il bisogno persiste la notte seguente si potrà accedere ad altri moduli.

La particolarità del sopraloco è che sarà completamente automatico, non richiederà dunque del personale per la sua gestione ordinaria, e si autopulirà meccanicamente dopo ogni servizio d'ospitalità. Inoltre l'accesso sarà possibile solo ad una determinata ora della sera, e alla mattina un segnale acustico avvertirà dell'imminente attivazione di un sistema d'apertura. L'ospite del sopraloco verrà perciò messo al corrente che un automatismo semovente farà sì che la parete posteriore si sposti fino a raggiungere la porta completamente aperta dell'entrata, in modo tale che egli sia obbligato a lasciare il modulo suddetto.

Sopralochi saranno distribuiti omogeneamente e in quantità adeguata per tutta la città, e seppur in modo meccanico e impersonale permetteranno comunque, soprattutto nei periodi più freddi dell'anno, di salvare delle vite umane.

Statio *(s.m.) def.* : il carattere quantitativo della società

Per conoscere quale effetto una determinata azione possiede nella società è nata la scienza statistica, la quale ha dovuto abbandonare il vecchio e infruttuoso concetto d'umanità per introdurre quello più efficace di statio.

Questo concetto non considera più gli uomini come gruppo che si accomuna tramite idee e valori, ma bensì come quantità d'individui numericamente definibili nell'esercizio delle loro funzioni oggettivamente considerate: cliente, utente, paziente, studente e quant'altro.

Attraverso lo statio è divenuto quindi possibile conoscere che tipo di reazione una determinata azione possiede sull'insieme delle persone (considerate nel modo sopra citato), cosa assolutamente impensabile invece con l'idea vaga e obsoleta d'uomo e in conseguenza d'umanità.

Lo statio rappresenta così l'ultima frontiera del funzionalismo che si è emancipato definitivamente dal gretto sentimentalismo Post ottocentesco. Attraverso lo statio le dinamiche sociali sono analizzabili in dettaglio, e le conseguenti operazioni verificabili attraverso l'indicizzazione accurata dei risultati.

È dunque a questo nuovo soggetto che debbono rivolgersi tutti coloro che vogliono ottenere dalle persone qualcosa, come ad esempio amministratori, banchieri, venditori, politici e quant'altro; mentre l'idea di un progresso delle qualità umane, seppur di nobili intenti, è ormai rimasto un concetto vuoto, al quale possono ancor rivolgersi solo sognatori d'ogni tipo, come poeti, artisti, filosofi, pedagoghi e quant'altro, i quali in ogni caso saranno votati al sicuro fallimento, proprio perché senza gli opportuni e adeguati strumenti per conferire alle loro azioni la giusta misura; ossia quella ammirante e plaudente dei risultati!

Supersesso *(s.m.) def.* : il sogno italiano

L'Italia si sa, è il paese che ospita il Vaticano, il paese che da sempre combatte contro un manipolo di stoici convertiti alla dottrina cristiana, i quali hanno sempre fatto di tutto per rinnegare i piaceri dell'odiata carne. La parola sesso è difatti uno dei pochi sostantivi che contenga così tante "S", nome che sembra fatto apposta per ricordarci che quando si ha a che fare con il sesso, si smuovono anche molti serpenti: sì, si sa che i più depravati in quelle "S" non ci vedono altro che delle forme tipicamente femminili.

Ma gli italiani, cittadini di uno dei paesi più cattolici della terra, sanno bene che, se si pecca, poi ci si può confessare, e che il perdono è sempre garantito a tutti, meno che agli extracomunitari che sono ancora al vaglio. È dunque per continuare ad essere bravi cattolici che essi continuano a peccare, non per altro, solo per poter continuare ad avere qualcosa da confessare. Ma il sogno vero degli italiani, in effetti, è un peccato inconfessabile, il vero sogno degli italiani è: il supersesso!

Alcuni governanti del resto hanno già dato segnali in tal senso, ma ancora tenui e pieni di riserbo. Loro, difatti, oltre alla scorta per proteggersi amano molto anche possedere delle escorte, che non è come a prima vista sembrerebbe una versione elettronica di quella. Difatti l'escort, che non è nemmeno solo una parola inglese, in Italia sembra divenuta una nuova moneta di scambio per certi ambienti, dove si parla già anche di banche d'escorts, di un certo capital per escorts, ecc. Ma di cosa è fatto in concreto il sogno italiano? Cerchiamo di fornirne un elenco, seppur non esaustivo.

Gli italiani abolirebbero di certo l'odiato l'articolo 1 della costituzione che dice, come è risaputo, che l'Italia è un paese fondato sul lavoro. Basta una buona volta col biblico: "Guadagnerai il cibo con il frutto del tuo sudore", e poi lavorare stanca, lo sanno tutti questo, anche gli interinali. Anche far sesso stanca, certo, ma è comunque tutto un altro modo di stancarsi!

Gli Italiani, seppur non lo confesserebbero mai, emenderebbero volentieri l'articolo 1, e senza indugi metterebbero: "l'Italia è una repubblica fondata sul sesso".

Inoltre il bel paese è turistico per eccellenza, bellezze naturali, cultura, sono là perché i turisti rimangano a bocca aperta, ma la bocca, seppur aperta, non basta, in verità di soldi questi signori non ne sborsano molti. È invece il turismo sessuale che fa scorrere fiumi di denaro, e questi poveri adepti del sesso dove vanno poverini? Devono rifugiarsi in qualche plastificato sexy shop, quando gli va bene possono distrarsi con un festival dell'erotismo, oppure sono obbligati a contemplarsi il loro sotto ombelico nella virtuale solitudine d'internet, infine, per i più dannati, non c'è altro scampo che rendere l'anima in qualche sudicia bettola in un paese del terzo mondo, là dove fanno poi anche così tanto male alle nuove generazioni.

Immaginiamoci invece la Riviera adriatica, sulla quale al posto di sdraio ed ombrelloni ci siano donne e uomini depilatissimi, che il bagnino installa dietro cospicuo esborso sulla sabbia dorata. L'Italia diverrebbe in poco tempo l'attrazione del turismo mondiale, la crisi economica, un ricordo del passato, i superbonus dei traders di tutto il mondo, intascati quasi completamente dai nuovi professionisti delle spiagge assolate.

Poi finalmente sarebbe risolta anche la famosa crisi del terzo, settimo, undicesimo, ventiquattresimo... mese per alcuni, anno per altri, matrimoniale. Il tasso di questo tipo di crisi si azzererebbe quasi di certo, nessuno avrebbe più bisogno di nascondersi furtivamente da un amante, con i rischi di lacerazione affettiva che ciò comporta, in quanto pagando è possibile anche divenire omosessuali per qualche anno, senza che la moglie si senta offesa nel suo amor proprio, le cronache della Regione Lazio hanno insegnato, almeno inizialmente.

E per finire, ma solo a parole: immaginiamoci anche solo quante voci bianche si potrebbero salvare!

Per un sogno così, vale la pena di pensare. Per un sogno così, vale la pena di rischiare.

Gli italiani hanno un sogno: lo confessino!

t

T.D.D. *(s.m.) def.* : tasso di disumanità

Il T.D.D. non è composto solo dalle medesime lettere dell'un tempo famoso insetticida D.D.T., perché similmente a questo ne possiede anche il carattere estremamente tossico. Difatti come il tristemente noto prodotto, che va ricordato fu bandito dal commercio perché poco degradabile e propenso ad accumularsi in modo deleterio nell'ambiente, così anche il T.D.D. tende ad infiltrarsi continuamente e maleficamente nelle persone.

Del resto con il termine tasso saremmo invitati a credere che il grado di disumanità sia frutto di un unico criterio: ma quale? Non certo quello che governa una banca: non proprio! Difatti non stiamo qui parlando del tasso d'interesse, né di sconto, così come neppure del tasso di cambio; ma allora di che tasso si tratta? È vero, altri tassi esistono, molti altri, alcuni tristi: l'alcolemia, l'infezione, la prostituzione, lo stress sul lavoro ecc., come altri più gai: di crescita, d'emancipazione, di sviluppo, di ricchezza ecc. È chiaro però, in ogni caso, che ciò che non esiste è un'unica legge che stabilisce tutti i tassi, ma piuttosto che ognuno di loro sia governato da un proprio criterio.

E allora, nel nostro caso, cos'è ciò che regola la disumanità?

La risposta balza subito agli occhi: l'umanità! Difatti è noto che più umanità si ritrova di conseguenza meno disumanità si constata. Il tasso di disumanità ha dunque un rapporto stretto con l'umanità.

L'alto tasso di disumanità, quello che molti osservano nella nostra società, è perciò l'evidenza di un possibile ed imminente esaurimento dell'umanità stessa, quella che va detto si connota attraverso atteggiamenti umani. Ma l'umanità non è solo il frutto d'alcuni atteggiamenti, essa è anche una specie, e quando l'umanità si manifesta raramente, vuol dire che è anche la specie stessa che si sta estinguendo.

Il tasso di disumanità, che indicizza la mancanza d'umanità, indicizza dunque anche la possibile estinzione dell'umanità.

È per salvare una specie dunque, e non solo degli atteggiamenti, che serve una legge che alla stregua del D.D.T bandisca definitivamente anche T.D.D. Difatti, finché l'umanità sarà misurata da un tasso, che per altri versi è solo una piccola bestiola, sarà sempre anche a rischio d'estinzione, come parecchie di quelle del resto.

Tontonto *(s.m.) def.* : tonto che si finge d'essere tonto

Già si conosceva il tonto, che si sa è semplicemente tonto, come pure il bitonto, sua diretta parodia per filastrocche, che nella fantasia non solo infantile è ritenuto talmente tonto da guadagnarsi il raddoppio dell'appellativo; ma è certo che ancora nulla si sapeva del tontonto!

In effetti egli non è proprio tonto del tutto, certo è tonto, ma di quei tonti che, sapendo di esserlo, giocano con astuzia la carta del fingersi, solo tonti, camuffandosi in modo tale da rendere dubbiosi tutti coloro che semplicemente credono che loro lo siano, tonti, o chissà: forse anche solo bitonti!

Il tontonto difatti è un vero umorista, dei più apprezzati, egli difatti conosce a perfezione la maestria d'imitare se stesso. Questi, piuttosto che cercare di non essere semplicemente tonto, per emanciparsi ha scelto la via del fingersi tonto, pur essendolo. Il tontonto fa ciò per non avere troppe preoccupazioni nella vita, e il modo migliore è proprio quello di rimanere tonti, difatti per lui meno si sa e meglio si sta, ed è proprio per continuare ad essere tonto, ma sfuggendo tutti coloro che lo accusano di esserlo, che lui ha intrapreso la strada, poco gloriosa ma di certo beata, di tutti quei tonti che vogliono semplicemente rimanere tonti: i tontonti.

Ticstoritac *(sm) def.*: storia del tempo

Sì è proprio così, come esiste una storia per tutto, esiste anche una storia di ciò che è in atto nella storia stessa, ossia il tempo, e in particolar modo come faccia a passare. Difatti esso non trascorre solo in forza di una strana regola dettata dalla natura o da una qualche divinità, ognuno scelga l'agente che gli è più congeniale, per cui le rughe sul viso aumentano costantemente invecchiando piuttosto che diminuire, ma perché degli strumenti obiettivi, ovvero non discrezionali, seppur sempre realizzati dall'uomo, lo affermano.

L'uomo difatti da quando si è reso conto che un movimento quando non portava da nessuna parte poteva essere chiamato tempo, ha iniziato a pensare due cose: la prima che con quel movimento poteva misurarne altri, il secondo che attraverso quella consapevolezza egli avrebbe potuto sperare di sconfiggere il susseguirsi e il perire inarrestabile d'ogni cosa, lui stesso *in primis*.

La storia del tempo difatti si dipana su queste due direttive. La prima è costellata di meccanismi più o meno riusciti atti a misurarlo, si pensi ad esempio alla meridiana, che purtroppo non funziona tanto bene di notte, oppure alla clessidra tanto amata dagli alchimisti, sempre molto affezionati alle loro boccette di vetro. Difatti le cosiddette macchine di misurazione del tempo sono anche spesso il frutto delle capacità tecnologiche del momento: i grossi meccanismi issati sui torrioni medievali all'epoca rinascimentale che ci ricordano tanto i disegni di Leonardo, oppure quel "un orologio per tutti" eco palese del detto fordiano: "un'autovettura per tutti", dei primi del Novecento. Oggi giorno invece nell'epoca digitale possediamo orologi del medesimo genere, oppure anche i sempre molto incomprensibili, e pertanto anche sempre molto temibili, orologi atomici, seppur gli esperti non smettano di garantirci che siano del tutto inoffensivi.

Sul versante della vittoria del tempo, ossia sul raggiungimento dell'eternità, i risultati sono invece a tutt'oggi molto più sconfortanti. Le imbalsamazioni egizie, seppur alla fine rendano felici molti archeologi, detto fra noi: forse era meglio l'incinerazione! Nel Medioevo si è poi narrato di mitiche fonti della giovinezza, oppure sempre impiegando soluzioni magiche di alchimisti pluricentenari che qualcuno avrebbe intravisto ancora poco fa aggirarsi confusi tra i turisti nelle strade del centro storico di Parigi, ma qui affondiamo decisamente nel mitico, nulla di riscontrabile e riproducibile da tutti dunque.

L'effetto miracoloso delle varie creme ed unguenti anti età, ossia quelle che gonfiano in positivo i bilanci delle loro case produttrici, sarebbero quindi tuttora da considerare un retaggio culturale di quel passato mitico, più che un vera e propria vittoria sulla ruga, e anche i risultati dell'odierna chirurgia estetica, seppur soggetto tanto amato della stampa scandalistica, non sembra stiano facendo molto meglio dell'antica e tradizionale imbalsamazione *post mortem*.

Sul fronte dell'eternità va dunque segnalato solo un caso in cui si siano avuti dei risultati decisamente apprezzabili, e questo è quello della fabbrica Eternit di Casale Monferrato. Questo stabilimento, vantando il primato italiano delle morti sul lavoro, ha avuto tramite l'esito nefasto delle fibre d'amianto ficcatesi per sempre nei polmoni di chi è transitato in quei capannoni, la capacità d'inviare anticipatamente a quell'eternità, che nulla ha a che vedere con le tegole che lì si producevano, migliaia di persone, e pare che non sia ancora finita, nonostante lo stabilimento abbia chiuso i battenti da tempo.

u

Umaniltà *(s.f.)* *def.* : la caratteristica che assume una persona quando divenendo un caso umano sconfina nel disumano

È indubbio che oggi giorno l'interesse verso ciò che sia l'uomo nel suo carattere generale, ossia quanto lo fa essere uguale agli altri, sia costantemente in declino, e che vi sia un'attenzione più marcata verso ciò che concerne il suo carattere d'eccezionalità.

Su questa nuova inclinazione si è evidentemente concentrata anche gran parte dell'industria dei media, la quale come è risaputo ricava i suoi proventi maggiori, non solo rispondendo adeguatamente alle richieste dei suoi fruitori, ma inventando regolarmente, per mantenere vivo l'interesse, vere e proprie curiosità, ossia eccezioni che in questo modo non possono che distorcere la naturalità dell'eccezione stessa, rigettandola nella normalità.

Ciò lo si capisce dal fatto che se l'eccezionalità viene proposta quotidianamente, essa non può che divenire norma. Si pensi ad esempio ai cosiddetti "fortunati" che il sistema dell'informazione sceglie di propinarci regolarmente: vincitori di lotterie, di gare, premi, ecc.

Tuttavia bisogna considerare che se la cosiddetta normalità non attira più una grande attenzione, per alcuni aspetti non è nemmeno un male. Che la gente sia interessata alle possibilità che nell'uomo vengono alla luce attraverso la sua eccezionalità, non è completamente un errore. La distorsione proviene piuttosto dal considerare importante solo questo aspetto, ossia dalla dimenticanza che egli non è solo un singolo caso, ma appartiene anche ad un genere.

L'uomo in effetti non è solo uomo, ma è, o almeno dovrebbe anche essere, umano, ossia dovrebbe appartenere a quel principio che travalica la sua singolare esclusività.

Ritenere dell'uomo che sia esclusivamente, e per forza, solo un caso umano, è però anche quanto fa smarrire il senso della sua eccezionalità stessa. Essa, in effetti, assolutizzandosi non possiede più un qualcosa con cui relazionarsi effettivamente, dunque non ha più nemmeno un vero e proprio motivo d'esistere.

Quando fanno dottrina frasi del tipo: "Nel bene o nel male pur che se ne parli", vuol dire che uno smarrimento dal punto di vista dell'appartenenza all'umanità e del beneficio che questa possa trarre dall'eccezionalità dei singoli, è avvenuto. Vuol dire che il caso umano, non solo ha rasentato il disumano, ma che per affermarsi come tale si è fatto divoratore dei propri simili. A questo punto l'eccezionalità non è più una possibilità per l'uomo, ma una tirannia.

V

Vattuccia *(s.f.) def. :* fiducia riposta negli uomini che indossano la cravatta

Che la striscia di tessuto generalmente variopinta che parecchi uomini si legano tuttora al collo sia un'entità che non assolva alcuna funzione pratica, né di mantenimento del calore corporeo né di riparo dai fenomeni atmosferici, è universalmente riconosciuto. In effetti a "verdire", nel senso di dire il vero, essa non può nemmeno annoverarsi tra gli indumenti, essendo appunto una specie d'orpello alquanto inutile, forse l'ultimo, o almeno il più vistoso, riservato ancora al sesso maschile, mentre com'è risaputo a quello femminile molti sono ancora concessi.

La cravatta è probabilmente l'evoluzione appena un po' mitigata di quegli esuberanti colletti e bavagli, principalmente seicenteschi, che nei dipinti d'epoca ancora scorgiamo. Ma qui, più che la sua storia, se ne deve considerare la significazione profonda.

Oggigiorno difatti chi indossa una cravatta lo fa per mostrare un segno distintivo di credibilità. Il solo fatto d'indossare anche una normale camicia, con un collo però adatto ad accogliere quella marca d'assoluta onestà, ci rende propensi alla fiducia.

Immaginiamoci per esempio di dover consegnare i nostri risparmi ad una persona che non conosciamo, e di dover scegliere tra un signore in abito scuro e cravatta, uno in semplici "maniche di camicia", e l'altro con una banale *t'shirt*, magari anche un po' slavata; è scontato che sarà il primo ad acquisire l'onere e il beneficio della nostra fiducia, poi verrà quello con la sola camicia, ed infine, non avendo altra scelta, e piuttosto che buttarli direttamente nella pattumiera, dopo aver acceso alcune candele al nostro Santo Patrono, li consegneremo nelle mani di colui che indossa l'incolore *t'shirt*. Tutto ciò sapendo benissimo di non essere in nessun caso al riparo da un'eventuale frode, vedasi ad esempio l'obbligatorietà d'indossare la cravatta presso certe sedi Istituzionali quali il Parlamento della Repubblica, che come è risaputo è anche ritrovo di persone dalla dubbia onestà.

Ma come mai tutta questa fiducia per un indumento che non è nemmeno un indumento? La risposta è semplice: la cravatta è, a ben vedere, nient'altro che un nodo alla gola, o se vogliamo una sorta di cappio, un vero e proprio nodo scorsoio che si stringe attorno al collo, alla trachea da cui passa l'aria che respiriamo ed il cibo che ingeriamo.

Chi indossa una cravatta dunque, ci rimanda che egli non è un dissoluto che può ingurgitarsi un pollo intero come fosse un pitone, oppure che possa aspirarsi tutta l'atmosfera terrestre come fosse un buco dell'ozono, in quanto da quel bellissimo cappio che gli impreziosisce il collo, tutto ciò non potrà passare. Di conseguenza avremo l'impressione che quel signore sarà perfettamente in grado di difendersi da se stesso, non ingoiandosi tutti i nostri beni.

Ma tutto ciò, purtroppo, e come si sa, è solo un'ingannevole apparenza, cosa che dovrebbe farci ripensare alla semplice verità, perché almeno non ci mostra nient'altro di quello che è, della banale *t'shirt*.

In effetti sappiamo molto bene che l'abito non fa il monaco, e che è per questo che i preti, che sembrerebbero ispiratori di questa bella verità, da tempo hanno rinunciato alla loro veste. Tuttavia bisogna rimarcare che con meno frequenza sono però propensi ad abbandonare anche quel loro strano, stretto, rigido colletto bianco. Ma probabilmente ciò è dovuto al fatto che anche con quello non smettono mai, seppur tutt'oggi tante persone stentino a crederci, di respirare.

www.temperino-rosso-edizioni.com